DUGUDUS

NOUS LA COMMUNE

18 MARS 1871 • 28 MAI 1871

HUGO ROUSSELLE

LOCUS SOLUS

LES COMMUNARDS

(P.26)
GALDRIC VERDAGER
SERGENT DU 88E RÉGIMENT D'INFANTERIE

(P.28)
JEAN-BAPTISTE CLÉMENT
CHANSONNIER & MAIRE DU XVIIIE ARRONDISSEMENT

(P.30)
JOSÉPHINE MARCHAIS
FRANC-TIREUR AU BATAILLON DES « ENFANTS-PERDUS »

(P.32)
GASTON CRÉMIEUX
REPRÉSENTANT DE LA COMMUNE DE MARSEILLE

(P.34)
ÉMILE DIGEON
CHEF PROVISOIRE DE LA COMMUNE DE NARBONNE

(P.36)
MARIE BONNEVIAL
INFIRMIÈRE VOLONTAIRE DE LA COMMUNE DE LYON

(P.38)
JEAN-BAPTISTE DUMAY
REPRÉSENTANT DE LA COMMUNE DU CREUSOT

(P.40)
GABRIEL RANVIER
COMMANDANT DU 141E BATAILLON DE LA GARDE NATIONALE

(P.42)
MADAME FAURE
LIEUTENANT DE LA GARDE NATIONALE

(P.44)
LOUIS DEBOCK
DIRECTEUR DE L'IMPRIMERIE NATIONALE

(P.46)
ÉDOUARD VAILLANT
DÉLÉGUÉ À LA COMMISSION DE L'ENSEIGNEMENT

(P.48)
ÉMILE DUVAL
GÉNÉRAL DE LA COMMUNE

(P.50)
PAULE MINCK
JOURNALISTE RÉVOLUTIONNAIRE

(P.52)
ÉLISÉE RECLUS
119E BATAILLON DE LA GARDE NATIONALE

(P.54)
ÉLISABETH DMITRIEFF
FONDATRICE DE L'UNION DES FEMMES POUR LA DÉFENSE DE PARIS

(P.56)
HORTENSE MACHU
CANTINIÈRE

(P.58)
EUGÈNE PROTOT
DÉLÉGUÉ À LA COMMISSION DE LA JUSTICE

•

(P.60)
LÉO FRANKEL
DÉLÉGUÉ À LA COMMISSION DU TRAVAIL ET D'ÉCHANGE

(P.62)
JULES VALLÈS
FONDATEUR DU *CRI DU PEUPLE*

(P.64)
HENRY CHAMPY
OUVRIER COUTELIER & 203E BATAILLON DE LA GARDE NATIONALE

(P.66)
NADAR
PHOTOGRAPHE, CARICATURISTE & AÉRONAUTE

(P.68)
EUGÈNE POTTIER
CHANSONNIER & 181E BATAILLON DE LA GARDE NATIONALE

(P.70)
JEAN ALLEMANE
DÉLÉGUÉ ADJOINT À LA MAIRIE DU VE

(P.72)
EUGÈNE VARLIN
COMMANDANT DU 193E BATAILLON DE LA GARDE NATIONALE

(P.74)
GUSTAVE LEFRANÇAIS
INSTITUTEUR & COMITÉ DE VIGILANCE DU IVE ARRONDISSEMENT

(P.76)
SOPHIE POIRIER
PRÉSIDENTE DU COMITÉ DE VIGILANCE DE MONTMARTRE

(P.78)
LOUIS ROSSEL
DÉLÉGUÉ À LA COMMISSION DE LA GUERRE

(P.80)
ANDRÉ LÉO
PRÉSIDENTE DE LA COMMISSION D'ENSEIGNEMENT DES JEUNES FILLES

(P.82)
LOUIS-AUGUSTE ROGEARD
PROFESSEUR DE RHÉTORIQUE & ARTILLEUR

(P.84)
ALIX PAYEN
BRANCARDIÈRE AU 153E BATAILLON DE LA GARDE NATIONALE

(P.86)
MOHAMED BEN ALI
TIRAILLEUR ALGÉRIEN

(P.88)
PASCHAL GROUSSET
DÉLÉGUÉ À LA COMMISSION DES RELATIONS EXTÉRIEURES

(P.90)
CHARLES DELESCLUZE
MEMBRE DU COMITÉ DE SALUT PUBLIC ET DÉLÉGUÉ À LA COMMISSION DE LA GUERRE

(P.92)
NAPOLÉON GAILLARD
DIRECTEUR GÉNÉRAL DES BARRICADES

(P.94)
ARTHUR RIMBAUD
POÈTE & VAGABOND

(P.96)
ANNA JACLARD
JOURNALISTE À *LA SOCIALE*

(P.98)
LOUISE NEIBECKER
CAPITAINE DU 206E BATAILLON DE LA GARDE NATIONALE

(P.100)
LUCIEN COMBATZ
DIRECTEUR GÉNÉRAL DES TÉLÉGRAPHES DE LA COMMUNE DE PARIS

(P.102)
ALBERT THEISZ
DIRECTEUR DES POSTES

(P.104)
GUSTAVE COURBET
PEINTRE & PRÉSIDENT DE LA FÉDÉRATION DES ARTISTES DE PARIS

(P.106)
NATHALIE LEMEL
FONDATRICE DE L'UNION DES FEMMES POUR LA DÉFENSE DE PARIS

(P.108)
VICTORINE BROCHER
CANTINIÈRE AU BATAILLON DES DÉFENSEURS DE LA RÉPUBLIQUE

(P.110)
THÉOPHILE FERRÉ
DÉLÉGUÉ À LA COMMISSION DE SÛRETÉ GÉNÉRALE

(P.112)
ROSALIE BORDAS
CHANTEUSE POPULAIRE

(P.114)
ANNE-MARIE MÉNAND
PROSTITUÉE & « PÉTROLEUSE »

(P.116)
JAROSLAW DOMBROWSKI
COMMANDANT DU 11E BATAILLON DE LA GARDE NATIONALE & GÉNÉRAL DE LA COMMUNE

(P.118)
RAOUL RIGAULT
DÉLÉGUÉ À LA COMMISSION DE SÛRETÉ GÉNÉRALE & PROCUREUR DE LA COMMUNE

(P.120)
MAXIME LISBONNE
COLONEL DE LA XE LÉGION FÉDÉRÉE DE LA GARDE NATIONALE

(P.122)
GAVROCHE & COSETTE
ENFANTS DE LA COMMUNE

(P.124)
LOUISE MICHEL
61E BATAILLON DE LA GARDE NATIONALE

(P.08)
PRÉFACE
ALAIN GESGON

•

(P.12)
AVANT-PROPOS
DUGUDUS / HUGO ROUSSELLE

•

(P.16)
INTRODUCTION
CONTEXTE HISTORIQUE
MATHILDE LARRÈRE

(P.22)
FRISE CHRONOLOGIQUE

•

(P.24)
MODE D'EMPLOI

(P.25)
NOUS LES COMMUNARDS

•

(P.126)
LEXIQUE

•

(P.128)
BIOGRAPHIES

•

(P.130)
BIBLIOGRAPHIE

PRÉFACE

ALAIN GESGON
PRÉSIDENT & FONDATEUR DU CIRIP
CENTRE INTERNATIONAL DE RECHERCHE SUR L'IMAGERIE POLITIQUE

Alain Gesgon a rassemblé la plus belle collection privée d'affiches politiques en France, avec plus de 200 000 pièces. L'historien, spécialiste de l'image politique, a fondé le Centre International de Recherche sur l'Imagerie Politique. Il conserve ces archives qui échappent au dépôt légal dans l'attente de la création d'un musée international de l'affiche politique.
Il est l'auteur notamment de *La laïcité sur les murs de France* (2006), *1917-2017, Sur les murs du fil rouge d'Octobre* (2017).

VIVE LA COMMUNE, FOUTRE !

Ce slogan gravé au revers de la montre à gousset de Maxime Vuillaume, rédacteur en chef du Père Duchesne, *donne la mesure et de l'immense événement survenu au printemps de l'année 1871 et de la capacité universelle de ce noble mot : Commune.*

Ce mot est l'un des plus anciens de la langue française, à l'instar de l'expression « *drapeau rouge* » qui, elle aussi, comme dit une célèbre chanson du monde ouvrier, est « *issue du fond du Moyen-Âge* ». Au début du XIIIe siècle, les serfs des villages se révoltent contre les seigneurs, et quand ces derniers sortent de leurs châteaux, les paysans les attaquent aux cris de « *Commune ! Commune !* » en brandissant un drapeau rouge. Les laboureurs de Picardie lanceront la « *Grande Jacquerie* » au printemps 1358 en arborant leur cri de révolte « *Debout les Jacques, debout les Hussons, le Coq rouge va chanter* ». Et au même moment, le Paris d'Étienne Marcel, en lutte contre une fiscalité incontrôlée, dressera ses barricades et inventera un mot qui, lui aussi, fera fortune, celui de « *grève* ».

La misère sociale élèvera beaucoup de barricades dans les siècles qui suivront : celles de la Fronde en 1648, celles de Grenoble en 1788, celles de Paris en 1848... Souvent érigés avec des tonneaux ou des barriques, ces empilements chargés de gloire prendront le nom de « *barricade* ». La misère est grande, en ce milieu du XIXe siècle, et le « *laissez faire* », cher au capitalisme sauvage et meurtrier de l'époque, écrase de tout son poids inhumain les travailleurs. Il suffit de penser aux répressions terribles du pouvoir bourgeois, à Paris en 1832, ou à Lyon, contre les malheureux canuts révoltés, en 1831 et 1834. Il suffit de penser, aussi, à la vie simplement quotidienne des gens du travail.

La muraille des rues des quartiers populaires reflète tout le désespoir du peuple de labeur, telle cette affiche d'avril 1848 élaborée par des femmes qui demandent au gouvernement 50 centimes par jour pour «*acheter le pain du ménage*». Si nous obtenons cela, disent-elles, cela «*nous évitera la prostitution*». Et quand arrive le «*Temps des cerises*» de 1871, c'est le temps noir qui, plus que jamais, s'installe. À la misère ouvrière s'ajoute la guerre imbécile. Les «*Pruscos*» sont sous les remparts de Paris et, en ce 5 janvier, les premiers obus déferlent sur la capitale enneigée… Et un froid intense s'ajoute au malheur.

Mais c'est le 5 janvier que va fleurir sur les murs de Paris, en lettres vibrantes et chargées d'espoir, et pour la première fois, le mot «*Commune*». Il sont quatre, militants de toujours, dans la chambre sans feu de Gustave Tridon, à ses côtés Émile Leverdays, Édouard Vaillant et Jules Vallès. Ils passeront la nuit à écrire le texte de l'Affiche. Ils le termineront, à la hâte, dans la rue Saint-Jacques sous une averse de neige. À cinq heures du matin, ils partent l'imprimer. En appui du titre puissant «*Au peuple de Paris*», ils ont ajouté:

> *«Place au Peuple! Place à la Commune!»*

De couleur violette, cette affiche chargée de soif de justice sociale et d'égalité restera dans la mémoire populaire comme la première «*affiche rouge*» de l'Histoire de France!

Deux mois et demi plus tard, en cette aube du 18 mars 1871, c'est aussi Jean Allemane qui fera sonner le premier tocsin de la Commune au clocher de l'église Saint-Nicolas-du-Chardonnet. Le soir de cette journée magnifique verra le peuple de Paris reprendre ses canons aux mains des Versaillais, puis, après de courageux combats de la Garde nationale parisienne contre l'armée gouvernementale, la proclamation de la Commune à l'Hôtel de Ville dans une liesse folle quelques jours plus tard. Au sortir des élections municipales victorieuses du 26 mars, la Commune va vite s'attaquer aux injustices sociales. Telle cette déclaration diffusée dans Paris le 29 mars:

> *«Considérant que le travail, l'industrie et le commerce, ont supporté toutes les charges de la guerre, qu'il est juste que la propriété fasse au pays sa part de sacrifices: remise générale est faite aux locataires des termes d'octobre 1870, janvier et avril 1871.»*

Quelque temps plus tard, le publiciste Auguste Passedouet revendique par voie d'affiche la suppression des loyers… Et oui, certains communards voulaient que l'histoire et le bonheur humain aillent jusque-là! Encore ce 29 mars, la Commune abolit la conscription militaire… Une bonne chose de faite! Finies les stupides et meurtrières guerres!

Début avril, la Commune ouvre dans toutes les mairies de la capitale un registre où tout demandeur d'emploi peut s'inscrire et mentionner sa qualité; un autre registre est ouvert, celui des employeurs qui détaillent leurs offres de travail et les avantages sociaux correspondants. Une grande première humaine pour réduire le chômage et la misère.

Le 2 avril, la Commune fixe le nombre d'heures de travail dans les ateliers : 7h à 11h / 12h à 18h. Une heure pour le repas de la mi-journée où, à ce moment, aucun ouvrier ne doit rester dans les ateliers... la cloche de cessation du travail devant sonner cinq minutes avant l'heure fixée. Le 3 avril, la Commune décrète la séparation de l'Église et de l'État... Et supprime le budget des cultes ! Elle reprend là la constitution d'août 1795 qui ainsi réduisait ses charges financières. Trente-cinq années avant la loi de 1905, la Commune élabore le programme de laïcité qui doit à présent gérer la France. Et c'est Édouard Roullier, un cordonnier du quartier Mouffetard, qui venant de s'asseoir dans le fauteuil du ministre de l'Instruction publique, griffonne sur du papier les contenus de liberté de la future école «*laïque, gratuite et obligatoire*». Dix ans avant les travaux des commissions de Jules Ferry ! Nombre d'écoles nouvelles, pour garçons et filles dès l'âge de cinq ans, seront ouvertes dans Paris. L'œuvre sociale libératrice de la Commune ne cesse de s'activer.

Le 27 avril, la vie de famille est rendue aux ouvriers de nuit des boulangeries. Désormais leur travail ne pourra commencer avant cinq heures du matin. Aux Postes et Télégraphes, les salaires seront identiques pour tous.

Chaque jour la Commune pourfend les habitudes et les règles sociales. L'épouse du ministre des Finances, celle d'un général de la Garde nationale, Madame Jourde et la Générale Eudes, vont laver le linge des Fédérés à la fontaine Pigalle avec les habitants du quartier. Quelle leçon la Commune a donnée à l'Histoire ! Cette Commune de liberté et de progrès humain est hélas harcelée sans relâche par le gouvernement de Versailles qui multiplie les proclamations hargneuses, envoie ses espions dans Paris, cherche à noyauter la Garde nationale.
Un cri fuse dans la capitale :

> *«À Versailles ! À Versailles !».*

C'est l'offensive du 2 avril durant laquelle l'ouvrier fondeur de la Buttes-aux-Cailles Émile Duval, commandant la colonne du Sud, et Gustave Flourens, héros de la guerre d'indépendance de la Crète, commandant la colonne du Nord, trouvent la mort. Du haut de son cheval, le général versaillais Vinoy toise Duval. «*Ouvrier Émile Duval, général de la Commune*», déclare le prisonnier. «*Et bien,* répond l'officier versaillais, *l'Histoire saura que ce ne sont pas les ouvriers qui vont commander aujourd'hui...*» avant de le faire fusiller.

Le 6 avril, alors que tombent sur la capitale les obus de l'armée de Versailles, le peuple de Paris conduit au cimetière du Père Lachaise les morts de ces journées des 3, 4 et 5 avril. La lugubre proclamation de la Commune, encadrée de noir, appelant à cet hommage, recouvre tristement les murs de la ville.

Le 28 avril, le délégué à la Guerre Cluseret organise et positionne les différents commandements qui vont défendre la capitale contre toute offensive versaillaise. Des généraux d'origine polonaise sont désignés : Dombrowski qui aura la responsabilité du nord de Paris et Wroblewski, celle de l'axe sud.

Tous deux rivalisent de courage lors de la terrible Semaine sanglante où le peuple de Paris donnera tout son sang pour l'émancipation des gens du labeur, ces opprimés, ces exploités qu'un capitalisme sauvage broie à l'extrême.

Peuple de Paris, pour la première fois dans l'Histoire du monde, tu avais montré, le 18 mars, qu'un gouvernement de la cité par les travailleurs eux-mêmes était possible. Tu vas mourir sur le pavé des barricades...

On ne voit plus la fontaine à l'entrée du Jardin des plantes, pourtant elle atteint une hauteur de trois étages... Les cadavres amoncelés de Parisiens la masquent entièrement ! L'armée de Mac Mahon, forte de 130 000 hommes, envahit peu à peu l'ensemble de Paris et fusille tour à tour dans la cour de l'école Polytechnique, aux Buttes-Chaumont, place de la Nation, au Père Lachaise, à la prison de la Roquette, au jardin du Luxembourg, où les soldats les plus habiles s'amusent à planter leurs baïonnettes dans les yeux des cadavres. On fusille dans le quartier des Halles où un peloton versaillais s'apprête à exécuter un groupe de Fédérés pris, les armes à la main, sur une barricade. Un gamin sort du groupe, va vers l'officier de l'armée gouvernementale et lui demande l'autorisation, avant de mourir, de porter sa montre à gousset à sa mère. L'officier accepte. Quelle n'est pas sa surprise, quelques instants plus tard, de voir revenir le gosse qui va se ficher contre la muraille, alors que la mitraille commence.

Une montre à gousset encore, celle d'Eugène Varlin, qu'au banquet de la « Victoire » à Versailles, en ce soir du 28 mai, les officiers attablés se passent en riant, de main en main. Au dos de cette montre sont gravés ces mots : « *À Eugène Varlin, les ouvriers relieurs reconnaissants* ».

De longues colonnes de prisonniers, entourés d'officiers de l'Armée de Versailles à cheval et de leurs soldats, convergent vers la ville où siège le gouvernement d'Adolphe Thiers. Soudain un prisonnier aux mains que la poudre a noircies est sorti des rangs et fusillé. Arrivés à destination, les prisonniers doivent s'agenouiller en passant devant l'entrée du château et demander pardon, à voix haute, au Grand Roi, pour toutes les révolutions qui se sont faites depuis son règne.

Communards, vous avez bu le calice jusqu'à la lie ! Communards, vous vouliez réaliser à la face du monde et livrer enfin au concret des choses la pensée de Saint-Just : « *Le bonheur est une idée neuve en Europe* ». L'Histoire des hommes vous en saura gré. Et comme Eugène Pottier le gravera à jamais dans son poème composé peu après à Montmartre :

> « *On croyait lui couper les bras et lui vider l'aorte. Tout ça n'empêche pas Nicolas qu'la Commune n'est pas morte* . »

Victor Hugo écrira plus tard :
« *Le cadavre est à terre, mais l'idée est debout...* » ●

AVANT-PROPOS

RETRACER L'HISTOIRE & SES MÉMOIRES

DUGUDUS
ILLUSTRATEUR

Dugudus est l'illustrateur de cet ouvrage et l'initiateur de ce projet né dans le cadre du 150e anniversaire de la Commune de Paris.
Entouré des historiens Hugo Rousselle et Christophe Pommier, conservateur au musée de l'Armée, ses dessins ont fait l'objet de nombreux allers-retours afin d'être les plus fidèles aux personnages de l'époque.

Graphiste, illustrateur mais aussi street-artiste, Dugudus travaille au renouveau de l'image d'opinion.
Il considère l'art comme un parti pris politique qui doit contribuer à transformer notre société.

Les rares images que l'on conserve de la Commune sont celles de figures braves, têtes révélées et torses bombés. Ils sont fiers les communeux ; ils pouvaient l'être !

Leur révolution était joyeuse et colorée. Ils aspiraient à des changements profonds face au dérèglement capitaliste qu'imposait l'arrivée de l'ère industrielle, mais également devant une république tiraillée entre royalistes et conservateurs. Ils portaient le combat pour leur dignité patriotique bafouée par une guerre inutile, le siège de la capitale puis la capitulation face aux Prussiens par le gouvernement de Thiers.

Plongé dans ces photos, je me suis attaché à ces regards. Je me suis laissé emporter par le rêve que je pourrais y croiser l'un de mes aïeux. J'ai voulu leur rendre hommage en m'attachant à eux comme s'il s'agissait de ma grand-mère. Ces gens sont mes héros et je les côtoie tous les jours en marchant dans les rues de Belleville, mon quartier.

> « *Le frisson des drapeaux, le murmure de cette révolution qui passe, tranquille et belle* »

Ces mots de Jules Vallès résonnent encore et toujours dans nos rues. Paris vibre d'une passion féroce et gronde d'un parfum subversif. Cette culture, c'est la nôtre et il faut la défendre ! Les communeux m'entourent et me parlent de ce travail inachevé ; de ce devoir de mémoire pour que jamais ne s'éteignent leurs flammes.

Cette volonté de transmettre m'anime au quotidien. Le dessin offre des couleurs et redonne vie aux âmes. J'ai voulu les rapprocher de nous et combler un vide iconographique important. Soixante-douze jours, c'est court et ça laisse peu de temps

pour changer un monde, encore moins pour capter ces événements historiques.
Les rares clichés de la Commune ne pouvaient être publiés dans la presse.
Les techniques de reproduction ne le permettaient pas et l'on adaptait ces photos en gravures. Nombre de ces documents ont été produits après la Commune.
Peu de traces ont été conservées par le peuple parisien. Au lendemain de la Semaine sanglante, garder un drapeau rouge chez soi aurait coûté la vie à son propriétaire.
Il reste cependant des caricatures, des images produites par les Versaillais et la presse réactionnaire de l'époque. Beaucoup de photos de communards ont été prises après leur arrestation par la police du gouvernement répressif et il est frappant de lire dans leurs yeux une détermination toujours aussi vibrante. Pour la plupart et même parmi les plus connus, ces visages oubliés ont été dessinés à partir de descriptions.
Il reste parfois une ou deux photos, pas plus. Il a fallu composer, assembler et réinventer. Qui sont-ils ? D'où viennent-ils ? Je ne voulais pas les trahir mais me rapprocher au plus près de leur apparence. Les échanges constants avec les historiens, et notamment ceux du musée de l'Armée, m'ont permis de trouver les costumes, armes et accessoires que chacun possédait. Une complicité s'est installée avec ces personnages. Chaque jour plus nombreux, les dessins envahissaient mon atelier et accentuaient mon émotion. Ils m'entouraient. Les insurgés sont aujourd'hui devenus des amis que j'appelle par leur prénom.

Le projet est né dans mon esprit lors du premier confinement, en avril 2020, à la suite d'une fresque peinte puis accrochée sur les grilles du parc des Buttes-Chaumont. Face à la situation sanitaire, je voulais réinvestir la rue, diffuser la culture dans l'espace public et transmettre un message. La Commune était dans moins d'un an et il fallait célébrer ce 150e anniversaire. Au lendemain du confinement, je suis allé présenter l'idée à mon ami Hugo : concevoir les personnages de la Commune à taille réelle et venir les placer sur la butte Montmartre puis, sous forme d'exposition itinérante, sur les grilles des monuments de notre ville. Je voulais mettre en regard le passé et le présent, surprendre et apprendre aux habitants de ma ville ce que d'autres avaient vécu, ici même, retranchés (confinés pourrait-on dire) mais combatifs et pleins d'espoir.
Hugo fut emballé et son énergie d'historien décuplée. Nina nous a rejoints, puis Théo. Nous avons formé durant des mois une équipe offensive, déterminée à faire revivre ces héros du passé. La place et le rôle de l'art ont été l'objet de vifs débats pendant la Commune. En écho, ce projet montre que le geste artistique n'est jamais neutre. En rencontrant le public, l'art devient une parole publique. « *Nous la Commune* » est le nom que nous avons donné à ce projet. Le « *nous* » de ces cinquante silhouettes et le « *nous* » inclusif de celles et ceux qui prennent part au quotidien à cette histoire.

Le drapeau rouge glissé en 1871 entre les mains du Génie de la Bastille flottera encore longtemps tant que nous serons présents pour que cette histoire se transmette au futur. Ce livre en est une contribution.

Le présent est fait de luttes, la Commune en fait partie ; l'avenir nous appartient. ●

AVANT-PROPOS

LES COMMUNARDS À L'ASSAUT DU CIEL

HUGO ROUSSELLE
HISTORIEN DU DROIT

Hugo Rousselle a travaillé en collaboration avec Dugudus aux recherches iconographiques permettant l'élaboration des personnages. Il est l'auteur des textes présentant les cinquante communards de l'ouvrage.

Hugo Rousselle est historien et travaille sur l'histoire des droits fondamentaux économiques, sociaux et culturels. Président de la Fédération Francophone de Débat, il milite pour la démocratisation de l'art oratoire et la défense de la francophonie.

Ce projet est né lors d'une promenade sur la butte Montmartre entre deux périodes de confinement. Ce jour-là, comme au matin du 18 mars 1871, « le soleil s'était fait communard ». Les rêves de bivouacs poétiques et révolutionnaires étaient au rendez-vous. La décision fut immédiate : représenter cinquante figures pour illustrer la Commune.

Tout choix est avant tout renoncement ; en l'espèce, il a parfois pris la forme d'un déchirement. À l'impossible exhaustivité s'est mêlée la nécessité d'une certaine pédagogie dans le choix des personnages. Artistique avant tout, cette œuvre à quatre mains (ou plutôt huit) veut également instruire. Les personnages ont donc été sélectionnés en fonction de leur parcours avant la Commune, des raisons de leur engagement et de leur action pendant cette période mais également de leur costume et de leur rôle. Diversité des âges, des fonctions, des sexes, des orientations politiques, des professions, des origines géographiques et sociales, mais aussi des couleurs et des styles se devait d'être au rendez-vous pour illustrer la complexité de ce court mais décisif moment historique.

Tous les communards ne sont pas présents ; il manque même certaines figures d'importance : *Félix Pyat, Gustave Flourens, Gustave Cluseret, Benoît Malon, Alexis Trinquet, Émile Eudes, Jules Bergeret, Jules Andrieu, Édouard Moreau, Arthur Arnould, Auguste Vermorel, Ferdinand Gambon, Charles Beslay, François Jourde, Eliska Vincent, Jules Miot, Maxime Vuillaume, Victoire Tinayre, Jean-Baptiste Millière, Napoléon La Cécilia, Eulalie Papavoine, Zéphirin Camélinat, Tony Moilin* pour ne citer qu'une poignée d'absents notoires au milieu d'une liste ô combien plus longue.

En effet, Auguste Blanqui ne s'y trouve pas, nous l'avons tristement laissé dans sa prison. Nous avons aussi laissé rentrer Garibaldi en Italie, Bakounine en Suisse, Victor Hugo en Belgique et Karl Marx en Angleterre. Beaucoup de ces noms sont cependant cités qui invitent le lecteur à s'y intéresser. D'autres figures illustres sont convoquées : le photographe Nadar, le peintre Gustave Courbet dont on oublie qu'il fut élu de la Commune, et le poète Arthur Rimbaud dont la participation à l'insurrection n'est nullement avérée. Ils sont autant de clins d'œil aux aspirations artistiques que caressait le «*luxe communal*» de 1871.
La majorité des autres personnages est souvent ignorée du grand public. Louise Michel évidemment non, ni Jules Vallès tout de même, Élisée Reclus peut-être. Les chansons de Jean-Baptiste Clément et d'Eugène Pottier sont plus réputées que les noms de leurs créateurs. Qui se souvient d'André Léo ou de Maxime Lisbonne, d'Élisabeth Dmitrieff ou de Léo Frankel ? Dans d'autres récits, les parfaits anonymes ont droit à leur représentation, notamment dans la bande dessinée, plus souvent que certains élus ou représentantes du mouvement communaliste.

Le but n'est pas de ramener la Commune à des types ou des stéréotypes, au risque de tomber, comme le proposent certains écrits, certains dessins, dans une sorte de «*biologisme social*» fixant l'archétype du communard. Le but n'est pas non plus de considérer que l'Histoire est une simple addition ou juxtaposition de personnages figés, de grandes et de petites figures interagissant dans le théâtre social.
L'objectif est de présenter certaines individualités comme autant de portes d'entrées graphiques et anecdotiques sur la Commune. À ce titre, les personnages et leurs pictogrammes ont un caractère idéal-typique et symbolique, mais ils doivent être compris avant tout comme des évocations poétiques. Comme tout ne peut être dessiné, tout ne peut également être dit, à plus forte raison lorsque les vies des personnages sont aussi riches et complexes.

JEAN JAURÈS - HISTOIRE SOCIALISTE VOL.11
«La Commune fut dans son essence, elle fut dans son fond la première grande bataille rangée du Travail contre le Capital. Et c'est même parce qu'elle fut cela avant tout qu'elle fut vaincue et que, vaincue, elle fut égorgée.»

Le lecteur trouvera plus de détails dans des dictionnaires tel que l'incontournable *Maitron* ou dans les nombreux ouvrages universitaires et biographiques parfois cités à la fin de ce livre. Les textes accolés aux images sont avant tout un moyen de comprendre les raisons de la sélection des différents personnages mais aussi les choix de l'artiste dans la représentation imagée qu'il peut en faire. Ces représentations ont fait l'objet d'une recherche biographique mais également iconographique.

En plus des ouvrages classiques sur la Commune où l'on trouve l'essentiel de ces représentations (photos, gravures, peintures et objets), les deux tomes d'Auguste Raffet, *Costumes militaires sous les deux sièges de Paris* (1871), les dessins de Bertall, *Communeux: types, caractères, costumes* (1880) ont été des sources d'une grande utilité, de même que les caricatures à charge (Paul Klenck et Émile Cohl) comme à décharge (Georges Pilotell, André Gill et Honoré Daumier).

Notre vœu est que «*Nous la Commune*» suscite réflexions, débats et engouements sur cette période traitée par deux passionnés ! ●

MATHILDE LARRÈRE
HISTORIENNE
& CONFÉRENCIÈRE

Mathilde Larrère est une historienne française spécialiste des mouvements révolutionnaires et du maintien de l'ordre en France au XIXe siècle.

Ses recherches portent sur l'histoire de la citoyenneté, l'histoire des rapports des citoyens à l'État, l'histoire du maintien de l'ordre. Dans un contexte politiquement troublé et socialement agité, son travail la conduit à réfléchir également sur le « désordre » public.

Maître de conférences à l'université de Paris-Est Marne-la-Vallée et chroniqueuse pour *Arrêt sur images* et *Mediapart*, elle revendique l'importance de la vulgarisation scientifique : la transmission du savoir est un enjeu démocratique. De la même manière, elle assume une histoire politiquement située, en analysant l'impossibilité des approches dites neutres.

INTRODUCTION

CONTEXTE HISTORIQUE

Vous souvenez-vous de la publicité pour une barre chocolatée ?

« J'ai cinq secondes pour vous dire que la barre Ovomaltine, c'est de la dynamique ». Boum, la barre-bâton de dynamite explosait.

Et bien, j'ai cinq pages pour vous dire que la Commune, c'est de la dynamique des classes !

Déjà dire qu'Eugène Pottier **01** avait bien raison en composant sa chanson « *Tout ça n'empêche pas, Nicolas / Qu'la Commune n'est pas morte !* ». Preuve en est que vous tenez ce livre entre vos mains, que vous en avez peut-être acheté d'autres, que le nom de Louise Michel **02** vous dit sans doute quelque chose…

Preuve en est que les graffiti évoquant la Commune braconnent les murs en marge des mouvements sociaux. « *On s'en fout de Mai 68, on veut 1871* », pouvait-on lire sur les murs de l'Opéra Bastille au cœur du mouvement des cheminots au printemps 2018. Il y a quelque chose de fascinant à voir que l'on célèbre plus la Commune que la révolution de 1848, dont le cent-cinquantenaire n'a semblé concerner qu'un aréopage d'historiens et d'historiennes.
Preuve en est aussi que la haine de la Commune persiste jusqu'à nos jours. Qu'on pense seulement aux saillies sur les plateaux télé de quelques éditocrates si prompts à réduire la Commune à un vandalisme effréné. Versailles n'est pas morte non plus…

Pourtant la Commune, qui n'aura duré que soixante-douze jours, s'est vite limitée à Paris. Et s'est faite écraser dans le sang, ses idées enterrées sous l'Ordre moral qui lui a succédé. Elle a été vilipendée, puis effacée de la mémoire républicaine. Je vous dirais que tenir soixante-douze jours, isolée du reste du pays, décriée jusqu'au camp des républicains modérés, menacée quotidiennement par les forces armées, c'était déjà quelque chose ! Je vous dirais aussi que c'est sans doute l'horreur et l'ampleur de la répression, à la hauteur des peurs qu'elle avait fait naître, qui explique sa postérité. Mais pas seulement. C'est ce à quoi elle a fait croire, rêver, les espoirs qu'elle a portés, qui n'ont pas sombré comme d'autres révolutions dans le conservatisme bourgeois ou dans un état dictatorial, qui la préserve. C'est enfin l'incroyable modernité de ses questionnements sur la justice sociale, sur la démocratie réelle et sur les chemins de l'émancipation qui nous la rend tellement actuelle.

> *« La plus grande mesure sociale de la Commune »* est dans *« sa propre existence »*,
>
> écrivait Karl Marx dès le 30 mai 1871.

01 Eugène Pottier
DESSINATEUR SUR ÉTOFFE
CHANSONNIER & GARDE NATIONAL – *P.68*

02 Louise Michel
INSTITUTRICE PRIVÉE
AMBULANCIÈRE & GARDE NATIONALE – *P.124*

QUAND VIENDRA-T-ELLE ?

(Eugène Pottier)

L'Empire était tombé le 4 septembre 1870. La République, proclamée. Le peuple de Paris avait subi l'atroce siège pendant la guerre franco-prussienne, finissant par dévorer les rats. Mais voici que la chambre élue en février 1871 était dominée... par les monarchistes. La bourgeoisie au pouvoir ne semblait guère résolue aux mesures sociales et le pays était défait. Ça partait mal pour la République !

> *La guerre est cruelle,*
> *L'usurier pressant.*
> *L'un suce ma moelle,*
> *L'autre boit mon sang.*
> *Ah ! je l'attends, je l'attends !*
> *L'attendrai-je encor longtemps ?*

Avec *Quand viendra-t-elle*, Pottier chantait l'espoir à la fin de l'année 1870.
Patience Eugène... elle arrive !

Le 10 mars 1871, l'Assemblée nationale (qui s'était déplacée à Bordeaux pendant la guerre franco-prussienne) décide de rentrer non pas à Paris mais à Versailles. Incroyable provocation. Déjà que cette assemblée est dominée par les monarchistes... mais choisir la ville des rois ! Il faut comprendre, à la décharge de l'Assemblée, que la tension est forte avec Paris. Et ce depuis l'automne 1870. Une tentative de soulèvement avait eu lieu fin octobre contre le gouvernement de Défense nationale accusé de défaitisme.

Le 7 janvier, il y avait eu l'*Affiche Rouge* placardée partout, nouvelle attaque directe contre le gouvernement. Le mot Commune y était présent en lettres capitales ! Puis un nouveau soulèvement le 22 janvier (où Louise Michel avait combattu, en habit de Garde national dit-on). De plus, Paris était l'un des rares départements à avoir voté républicain en février 1871, quand la majorité des Français votait monarchiste pour que la paix soit signée. Le 24 février, jour de l'annonce des conditions de la paix, des attroupements place de la Bastille criaient :

> « *Vive la République ! Vive la Commune !* »

Des bataillons ayant créé un Comité central de la Garde nationale fédérée avaient émis de nombreuses proclamations hostiles à l'Assemblée (le nom des *Fédérés* vient de là). Elles accusaient l'Assemblée de monarchisme et de défaitisme (de fait...). Pas étonnant alors que, depuis son élection, Paris soit dans le collimateur de l'Assemblée. L'Assemblée provoque donc Paris qu'elle juge factieuse (bon, admettons qu'elle n'avait pas tout à fait tort). Elle vote une loi qui exige des commerçants parisiens qu'ils honorent leurs dettes contractées pendant le siège, condamnant des milliers d'artisans et de boutiquiers à la misère. Et elle décide de cesser de verser leur solde aux Gardes nationaux de Paris, dont beaucoup avaient grand besoin pour survivre en ces temps difficiles. Ce n'était vraiment pas malin : les gardes étaient armés de fusils et de canons, achetés par les Parisiens *via* une souscription et répartis sur différentes buttes de la ville. En réaction, le Comité central de la Garde nationale appelle à résister à la tyrannie de Versailles.

•

PARIS, LE BIVOUAC DE LA RÉVOLUTION S'EST RECONQUIS

(Jules Vallès)

Adolphe Thiers, chef du gouvernement, décide donc de retirer ses canons à la ville rebelle. L'opération est organisée pour la nuit du 17 au 18 mars. Mais au petit matin du 18, les habitants empêchent les soldats d'emporter les canons de Montmartre. Les femmes surtout, dont Louise Michel, qui crient « *Vive la République !* ». Le général Lecomte ordonne de tirer sur la foule mais ses soldats mettent crosse en l'air. Lecomte est arrêté. Partout les troupes fraternisent. Plusieurs rues sont maintenant barricadées, dans l'est de Paris.

À 14 heures, le Comité central de la Garde nationale donne l'ordre à tous les bataillons de converger sur l'Hôtel de Ville. Et là, surprise ! À 15 heures, Thiers et son gouvernement quittent Paris pour Versailles en ordonnant l'évacuation des troupes. C'était assez malin : se retirer leur permet d'éviter que toute la troupe ne fraternise pour rassembler de nouvelles forces. C'est d'ailleurs une stratégie que Thiers avait conseillée à Louis-Philippe en février 1848 : on se barre, on les laisse faire leur émeute, et bam ! on revient en force et on leur rentre dedans. Louis-Philippe avait refusé. Dans la soirée, les insurgés fusillent Lecomte et le général Clément-Thomas qui avait réprimé juin 1848 et qu'on avait trouvé par hasard.

La Commune est née d'un sentiment patriotique blessé, d'une conscience républicaine inquiète et d'une situation sociale difficile, du fait du siège notamment. Ses origines sont à chercher dans l'organisation, le renforcement, la structuration

d'un mouvement pour une république sociale et démocratique, hérité des idéaux de février et de juin 1848, et plus avant du programme montagnard, voire hébertiste [03], de 1793-1794. Elle plonge aussi quelques-unes de ses racines dans un mouvement socialiste, plutôt anarchiste, qui s'est structuré sous l'Empire et qui appelle à une prise du pouvoir par les ouvriers pour réaliser le socialisme.
La Commune est comme un arbre, plusieurs racines, plusieurs branches.

Mais revenons au soir du 18 mars 1871: la capitale est aux mains des insurgés, hérissée de barricades. Le Comité central de la Garde nationale est à l'Hôtel de Ville. «*Paris, bivouac de la Révolution s'est reconquis*», s'enthousiasme Vallès [04] dans son *Cri du peuple*! C'est la joie mais aussi la stupeur. Que faire?

La possibilité de marcher sur Versailles est évoquée... et écartée. «*Erreur*» dira Marx plus tard. Mais certains ne voulaient pas de la guerre civile. Le lendemain, alors que le peuple peaufine les barricades, le Comité central de la Garde nationale prend ses premières mesures. D'abord, amnistier les délits politiques et revenir sur toutes les décisions provocatrices (et antisociales!) de l'Assemblée. Le moratoire sur les loyers et les effets de commerce est prorogé, les Gardes nationaux touchent à nouveau leur solde. Pour financer ces décisions, au lieu de se servir à la Banque de France, le Comité choisit d'emprunter sur le compte de la ville (sacrée erreur encore redira Marx: il fallait prendre l'argent!). Le Comité annonce qu'une commune sera élue (il aurait pu alors donner le droit de vote aux femmes, mais non...).
Pour certains, il s'agit juste d'élire un pouvoir communal; pour d'autres de construire une république à Paris qui serve de modèle au pays.

Le 26 mars, l'élection porte à l'Hôtel de Ville un Conseil dont la moitié des membres sont des ouvriers. Ce qui ne fut égalé dans aucun autre gouvernement révolutionnaire.

•

PLUS DE CAPITALES ! PLUS DE VILLES LIBRES !

(La Sociale)

À cette date, l'espoir est d'autant plus grand que de nombreuses villes de province ont aussi leur Commune.

Le 22 mars à Marseille, Gaston Crémieux [05], avocat républicain radical, prononce un discours enflammé au Club de l'Eldorado:

> «*Quel est le gouvernement que vous reconnaissez comme légal? Est-ce Paris? Est-ce Versailles?*». La salle unanime crie: «*Vive Paris!*»

(Avouez que pour que Marseille crie «*Vive Paris!*», il fallait bien la Commune!).

Le lendemain matin, le peuple est en armes et la Garde nationale rejoint l'insurrection au lieu de la combattre!

Le 23 mars, Bakounine se présente au balcon de l'Hôtel de Ville de Lyon, place des Terreaux, pour lancer un appel à la révolution mondiale. Le 24 mars, «*la Commune centrale de l'arrondissement de Narbonne, avec union à celle de Paris*» est proclamée. Même chose à Saint-Étienne. Le 25 mars, des Gardes nationaux annoncent la Commune de Toulouse. Le drapeau rouge flotte sur l'Hôtel de Ville du Creusot le lendemain. Le 4 avril, ce sera au tour de Limoges.
Les Communes de provinces nourrissent un temps l'espoir d'une vaste révolution... Mais la répression est rapide, parfois sanglante. Début avril, ne reste plus que la Commune de Paris, encerclée par les Versaillais qui fusillent sans coup férir tous ceux qu'ils ont fait prisonniers.

•

LA RÉVOLUTION MODERNE QUI A ILLUMINÉ L'HISTOIRE

(Déclaration de la Commune)

Les soixante-douze jours de la Commune sont riches de décisions. Elle prend un grand nombre de mesures sociales, immédiatement nécessaires, comme le moratoire des dettes des commerçants, le moratoire sur les loyers, l'autorisation de récupérer au Mont-de-piété tous les objets de moins de vingt francs, ainsi que la réquisition des logements vacants. Elle modifie le droit du travail en faveur des ouvriers et des ouvrières, interdisant les amendes et les retenues sur les salaires, abolissant le travail de nuit. La Commune prend aussi des mesures anticléricales qui se comprennent

03 *Voir pictogramme – P.24*

04 Jules Vallès
JOURNALISTE, FONDATEUR DU *CRI DU PEUPLE* – *P.62*

05 Gaston Crémieux
REPRÉSENTANT DE LA COMMUNE DE MARSEILLE – *P.32*

dès lors que l'Église s'était alliée avec l'Empire : suppression du budget du culte, nationalisation des biens religieux, séparation de l'Église et de l'État.

La Commune voulait réorganiser profondément la société et l'État, mais le temps l'empêcha de réaliser ses projets. Elle prônait une justice gratuite et rendue par des juges élus ; une école gratuite, laïque et obligatoire pour les filles comme pour les garçons ; la création d'un enseignement professionnel et un service militaire obligatoire pour toutes les classes sociales. Elle soutenait le modèle de l'association de producteurs, dégagée de la propriété capitaliste, dans la grande tradition du mouvement ouvrier français depuis 1848. Le décret du 16 avril, dit « *des Ateliers* », autorisait la réquisition des ateliers abandonnés pour les confier en autogestion aux ouvriers.

•

CROIT-ON POUVOIR FAIRE LA RÉVOLUTION SANS LES FEMMES ?

(André Léo)

Les féministes surent saisir l'occasion que leur offrait la séquence révolutionnaire pour porter haut et fort leurs revendications, reprenant le chemin des Clubs (de nos jours, on dirait non mixtes), des journaux, des prises de paroles (elles féminisent alors le mot orateur en « oratrice », attachement aux enjeux linguistiques qui n'est donc pas récent !). La question du travail des femmes est l'objet d'une intense réflexion, principalement au cœur de l'Union des femmes pour la Défense de Paris et le Soin aux blessés créée par Élisabeth Dmitrieff [06], l'envoyée de l'Association internationale des travailleurs (AIT). Elle défend la revalorisation des métiers féminins, impulse l'organisation de coopératives de productrices avec le double objectif de redonner aux femmes le contrôle sur leur travail et de leur assurer de plus justes rémunérations nécessaires à leur indépendance économique. André Léo [07], Anna Jaclard [08], Isaure Périer, Noémi Reclus et Anna Sapia siègent à la Commission sur l'enseignement féminin. Des écoles de filles sont ouvertes dans quelques arrondissements, ainsi que des ateliers-écoles pour les ouvrières. Maria Verdure impulse l'ouverture de crèches. Le 21 mai, la Commune décrète l'égalité salariale entre instituteurs et institutrices. Sous la pression des Clubs de femmes, la Commune reconnaît implicitement l'union libre en acceptant de secourir toutes les compagnes, mariées ou non, des Gardes nationaux tués.

La Commune est aussi un essai de réappropriation populaire d'un espace urbain embourgeoisé, surtout depuis les travaux d'Haussmann. Cette réappropriation prend diverses formes : la décentralisation de l'administration et le rôle des comités de quartiers, le changement de nom des rues, la chute de la colonne Vendôme, le drapeau rouge qui flotte sur tous les monuments. Sans compter l'organisation de la fête, le déploiement de ce « *luxe communal* » que prône la Fédération des artistes avec Courbet. [09]

> *Le voilà, le voilà, regardez !*
> *Il flotte et fièrement il bouge,*
> *Ses longs plis au combat préparés,*
> *Osez, osez le défier*
> *Notre superbe drapeau rouge,*
> *Rouge du sang de l'ouvrier (bis)*
>
> Achille Le Roy, 1885

La Commune défendait enfin le modèle d'une république démocratique, plus directe, plus propre à assurer la souveraineté populaire. Car cette fois, disent les communeux, on ne se laissera pas faire ! Non ! On ira jusqu'au bout de l'idée républicaine sans se laisser voler la révolution... On n'acceptera plus que le suffrage universel enterre l'émancipation sous des urnes conservatrices. Pour cela, le peuple doit devenir acteur, citoyen et non simplement électeur. S'il doit être représenté, car comment faire autrement, il doit manifester directement sa volonté, mandater de façon impérative, contrôler, et s'il le faut révoquer les élus qui ne respectent pas le mandat donné. On veut l'égalité. L'égalité des droits, l'égalité des pouvoirs, mais aussi l'égalité des avoirs, des savoirs ! Et des sexes, crient-elles, partiellement entendues !

Beaucoup de rêves, beaucoup d'idées, d'origines différentes. Car la Commune ne fut pas un objet monochrome, fût-il rouge, mais un kaléidoscope. Oui mais...

> « *On l'a tuée à coups de Chassepot*
> *À coups de mitrailleuse*
> *Et roulée avec son drapeau*
> *Dans la terre argileuse* »,
>
> chantera Eugène Pottier.

---

06 Élisabeth Dmitrieff
JOURNALISTE & FONDATRICE UNION DES FEMMES POUR LA DÉFENSE DE PARIS – *P.54*

07 André Léo
ÉCRIVAINE, JOURNALISTE À *LA SOCIALE* – *P.80*

08 Anna Jaclard
JOURNALISTE AU JOURNAL *LA SOCIALE* – *P.96*

09 Gustave Courbet
PEINTRE & PRÉSIDENT DE LA FÉDÉRATION DES ARTISTES DE PARIS– *P.104*

LA SEMAINE SANGLANTE

(21 mai - 28 mai 1871)

Le 21 mai, l'armée versaillaise stationne au pied des fortifications parisiennes. Sous le commandement de Mac Mahon, elle compte 120 000 hommes. Elle a été épurée de tous les suspects de sympathie pour les insurgés. La Commune peut, elle, aligner autour de 50 000 hommes, plus ou moins bien entraînés et armés (plutôt moins que plus, il faut l'avouer). Et c'est à cet instant qu'un piqueur des Ponts et Chaussées ouvre la porte du bastion 64, près de la porte Saint-Cloud. Traître infâme... Les loups entrent dans Paris.

> « *On traque, on enchaîne, on fusille*
> *Tous ceux qu'on ramasse au hasard.*
> *La mère à côté de sa fille,*
> *L'enfant dans les bras du vieillard* »,
>
> se souvient Jean-Baptiste Clément.

Au soir du 23, l'ouest de Paris est aux mains des Versaillais et son centre est en flammes. Ces derniers en sont les premiers responsables, car ils ont canonné les quartiers insurgés avec des bombes incendiaires. Les communeux, sans se concerter, incendient en riposte tout ce qui évoque l'ordre ancien qu'ils voulaient mettre à bas. Les Tuileries, la Cour des Comptes, le Conseil d'État, le palais de la Légion d'honneur sont la proie des flammes.

Après la Commune, ses opposants n'auront de cesse d'utiliser le souvenir des incendies pour la flétrir. On fait des incendiaires les figures emblématiques d'un monde ouvrier honni, présenté comme barbare, le Néron des faubourgs. C'est là aussi qu'on fabrique la figure de la «*pétroleuse*», concentré de haine de classe et de haine machiste des Versaillais triomphants. Devant l'ampleur des massacres perpétrés par les Versaillais, les communeux fusillent quelques otages : la légende noire de la Commune y trouve ses martyrs. Le 27 mai 1871, les Fédérés sont réfugiés au Père-Lachaise. Les combats ont lieu à l'arme blanche au milieu des tombes. Les derniers 147 insurgés sont fusillés contre un des murs du cimetière. À ses pieds, une fosse acueille leurs dépouilles.

On ne saura jamais avec certitude le nombre des morts de la Commune. Les historiens ont longtemps dit entre 10 000 et 20 000 morts. Des travaux plus récents, ceux de Robert Tombs notamment, ont revu ces chiffres à la baisse, autour de 6 à 8 000. Même en suivant les estimations les plus basses, c'est une boucherie sans équivalent dans l'Europe du XIXe siècle. Une véritable saignée. On dénombre 46 835 jugements (dont 3 313 par contumace), 23 737 non-lieux, 2 445 acquittements, 95 condamnations à mort, 251 aux travaux forcés, 1169 à la déportation dans une enceinte fortifiée, 2 417 à la déportation simple, en Nouvelle-Calédonie pour la plupart. Pour les autres, des peines d'emprisonnement. En outre, 55 enfants de moins de seize ans furent envoyés dans des maisons de correction. Enfin, 5 à 6 000 communeux durent s'exiler pour échapper à la justice, tel Jules Vallès.

●

ON NE PEUT PAS TUER L'IDÉE À COUPS DE CANON

(Louise Michel)

L'œuvre de la Commune finira pourtant par être largement adoptée par la IIIe République : politique scolaire, anticléricalisme, réforme militaire, mais sans qu'on signale sa maternité en la matière.

Marx dira que la Commune fut la première révolution du XXe siècle, « *le glorieux fourrier d'une société nouvelle* ». Mais elle est bien plus la dernière révolution démocratique et sociale du XIXe, porteuse des mêmes idées que ses aînées.

Un crépuscule plus qu'une aurore...
Un crépuscule sanglant qui finit dans la nuit noire mais reste un astre qui luit. Car n'oublions pas ces mots de Jean-Baptiste Clément :

> « *Oui mais !*
> *Ça branle dans le manche,*
> *Les mauvais jours finiront.*
> *Et gare ! à la revanche*
> *Quand tous les pauvres s'y mettront.*
> *Quand tous les pauvres s'y mettront*. »

À bientôt la belle ●

L'AVANT

19 JUILLET 1870

NAPOLÉON III DÉCLARE
LA GUERRE AU ROYAUME
DE PRUSSE

4 SEPTEMBRE 1870

PROCLAMATION DE LA RÉPUBLIQUE
À PARIS SUITE À LA DÉFAITE
DE L'EMPEREUR À SEDAN

LES PRUSSIENS ASSIÈGENT PARIS
PENDANT 6 MOIS

31 OCTOBRE 1870

SOULÈVEMENT RÉPUBLICAIN
CONTRE LE GOUVERNEMENT
JUGÉ CAPITULARD

22 JANVIER 1871

UNE GRANDE MANIFESTATION
INSURRECTIONNELLE
ORGANISÉE PAR
LES BLANQUISTES À L'HÔTEL
DE VILLE EST RÉPRIMÉE

8 FÉVRIER 1871

LES ÉLECTIONS LÉGISLATIVES
PORTENT UNE MAJORITÉ
ROYALISTE À L'ASSEMBLÉE
NATIONALE. RÉUNIE À BORDEAUX,
ELLE VEUT SIGNER L'ARMISTICE

MARS 1871

LES PRUSSIENS DÉFILENT
SUR LES CHAMPS-ÉLYSÉES.
THIERS VEUT DÉSARMER PARIS

18 MARS 1871

18 MARS

LES PARISIENS,
LA GARDE NATIONALE ET
L'ARMÉE FRATERNISENT
ET S'OPPOSENT À LA
PRISE DES CANONS
PARISIENS

19 MARS

ANNONCE
DES ÉLECTIONS
D'UN CONSEIL
DE LA COMMUNE

21 MARS

MANIFESTATIONS
DE PARISIENS HOSTILES
À LA COMMUNE
(AMIS DE L'ORDRE)

23 MARS

PROCLAMATION DES
COMMUNES DE MARSEILLE,
LYON, NARBONNE,
SAINT-ÉTIENNE &
LE CREUSOT

26 MARS

ÉLECTIONS DE LA COMMUNE
DE PARIS

28 MARS

PROCLAMATION OFFICIELLE
DE LA COMMUNE DE PARIS
À L'HÔTEL DE VILLE

LE CONSEIL DE LA COMMUNE
EST COMPOSÉ
D'UNE MAJORITÉ
DE RÉVOLUTIONNAIRES

29 MARS

LA COMMUNE DÉCRÈTE LE
MORATOIRE SUR LES LOYERS,
LA RESTITUTION
DES OBJETS PRÊTÉS SUR
GAGE AU MONT-DE-PIÉTÉ
ET LA FIN DE LA CONSCRIPTION
MILITAIRE

1ER AVRIL

LA COMMUNE
PLAFONNE LES SALAIRES
DES FONCTIONNAIRES
À 6000 FRANCS ANNUELS

2 AVRIL

LA COMMUNE VOTE
LA SÉPARATION DE L'ÉGLISE
ET DE L'ÉTAT

3-4 AVRIL

PREMIERS GROS
ÉCHECS MILITAIRES
DES FÉDÉRÉS
À RUEIL, BOUGIVAL
ET CHÂTILLON

5 AVRIL

VOTE DU
«*DÉCRET SUR
LES OTAGES*»

11 AVRIL
CRÉATION DE L'UNION DES FEMMES POUR LA DÉFENSE DE PARIS ET LE SOIN AUX BLESSÉS

19 AVRIL
LA COMMUNE PRÉCISE SON PROGRAMME DANS UNE DÉCLARATION AU PEUPLE FRANÇAIS

20 AVRIL
LA COMMUNE VOTE L'INTERDICTION DU TRAVAIL DE NUIT POUR LES BOULANGERS

24 AVRIL
RÉQUISITION DES LOGEMENTS VACANTS POUR Y LOGER LES VICTIMES DES BOMBARDEMENTS

28 AVRIL
SUPPRESSION DES AMENDES PATRONALES ET DES RETENUES SUR LES SALAIRES OUVRIERS

1ER MAI
LA COMMUNE VOTE LA CRÉATION DU COMITÉ DE SALUT PUBLIC

LES COMMUNARDS SE DIVISENT ENTRE MAJORITAIRES ET MINORITAIRES

9 - 14 MAI
LES VERSAILLAIS PRENNENT LES FORTS D'ISSY, DE VANVES ET LE MONT-VALÉRIEN

16 MAI
CHUTE DE LA COLONNE VENDÔME

19 MAI
LA COMMUNE VOTE UN DÉCRET POUR UNE ÉCOLE LAÏQUE, GRATUITE ET OBLIGATOIRE POUR LES ENFANTS DE TOUS LES SEXES

21 MAI
LES VERSAILLAIS ENTRENT DANS PARIS. LA SEMAINE SANGLANTE COMMENCE

28 - 29 MAI
LA DERNIÈRE BARRICADE DE PARIS TOMBE

PRISE DU FORT DE VINCENNES

28 MAI 1871

L'APRÈS

MAI - JUIN 1871
LES COMMUNARDS ARRÊTÉS SONT DÉTENUS AU CAMP DE SATORY. LES CONSEILS DE GUERRE SE METTENT EN PLACE POUR JUGER LES COMMUNARDS

MAI - SEPTEMBRE 1871
LES PREMIERS CONVOIS DE CONDAMNÉS SONT DÉPORTÉS EN NOUVELLE-CALÉDONIE

16 DÉCEMBRE 1871
LOUISE MICHEL DÉCLARE À SON PROCÈS : *« SI VOUS N'ÊTES PAS DES LÂCHES, TUEZ-MOI ! »*

MAI - JUILLET 1873
L'ASSEMBLÉE NATIONALE FAIT REMONTER LA COLONNE VENDÔME ET CONSTRUIRE LE SACRÉ-CŒUR

3 MARS 1879
VOTE D'UNE LOI D'AMNISTIE PARTIELLE DES COMMUNARDS

23 MAI 1880
PREMIÈRE COMMÉMORATION DE LA COMMUNE AU MUR DES FÉDÉRÉS À PARIS

JUILLET 1880
LA LOI D'AMNISTIE PLEINE ET ENTIÈRE DES COMMUNARDS EST VOTÉE

MODE D'EMPLOI

Chaque personnage est accompagné de pictogrammes définissant leurs tendances politiques et philosophiques ainsi que leur vie et fonctions.

MOUVEMENTS POLITIQUES & PHILOSOPHIQUES

ANARCHISTE

Courant de pensée libertaire fondé sur les logiques de coopération et d'autogestion, cette doctrine s'exprime principalement à travers le collectivisme «*antiautoritaire*» défendu par Bakounine et revendique une gestion collective et égalitaire de la société.

BLANQUISTE

Si Blanqui est fait prisonnier dans la nuit du 17 mars 1871, ses idées sont largement représentées sous la Commune. Fondé sur l'action révolutionnaire et le patriotisme, le blanquisme est un socialisme athée partisan d'une dictature populaire.

DROITS DES FEMMES

Le terme de féminisme n'est pas encore présent mais les revendications de ce mouvement le sont en 1871. Elles sont principalement fondées sur l'idée d'une égalité civile et sociale entre les femmes et les hommes notamment par le droit égal au travail.

FRANC-MAÇON

La franc-maçonnerie est une association philosophique apparue au XVIe siècle. Elle est composée d'espaces de sociabilités aux rites initiatiques fondés sur le principe de fraternité universelle. De nombreux communards sont francs-maçons.

GARIBALDIEN

Le garibaldisme est moins une doctrine qu'un état d'esprit fondé sur un sentiment humanitaire de fraternité. Outre l'unité de l'Italie, fer de lance du combat de Giuseppe Garibaldi, les corps-francs garibaldiens participent aux luttes républicaines ou d'indépendance à travers le monde.

INTERNATIONALISTE

La première Internationale fondée en 1864 rassemble en son sein différentes tendances du mouvement ouvrier: le mutuellisme, le collectivisme «*antiautoritaire*» ou «*autoritaire*». Ses membres représentent la minorité au sein de la Commune.

JACOBIN

La référence à la Révolution de 1789 et à la gauche de la Convention nationale (la Montagne de 1793) est très présente sous la Commune. Ils appartiennent à la majorité qui vote pour la création du Comité de salut public.

NÉO-HÉBERTISTE

La référence à la première Commune insurrectionnelle (1792-1794) est très présente en 1871. Elle se traduit par un goût pour le matérialisme athée de Jacques-René Hébert ou le communisme égalitaire de Gracchus Babeuf, et par un jusqu'au-boutisme révolutionnaire.

PATRIOTISME POPULAIRE

Nombreux sont ceux qui rejoignent les rangs de la Commune avant tout par refus de la capitulation et pour continuer la guerre contre la Prusse. Ce patriotisme trouve aussi son origine dans le souvenir des guerres révolutionnaires et napoléoniennes.

PROUDHONIEN

Les idées du mutuellisme proudhonien irriguent le mouvement ouvrier français. Méfiantes à l'égard de l'État, elles voient dans la création des mutuelles et associations ouvrières, ou les projets de Banques du peuple, les meilleurs moyens de changer la société.

RÉPUBLICAIN RADICAL

L'opposition républicaine à l'Empire prend le pouvoir le 4 septembre 1870 mais se divise au moment de la Commune. L'aile la plus radicale refuse la fin de la guerre et le compromis avec les royalistes (majoritaires à l'Assemblée nationale) pour fonder le nouveau régime.

SOCIALISME RÉVOLUTIONNAIRE

Aux élections du 8 février 1871, 43 candidats socialistes révolutionnaires présentent leurs candidatures. Le socialisme révolutionnaire considère que les luttes syndicales et politiques permettent l'avènement d'une République des travailleurs qui rend la terre aux paysans et l'instrument de travail aux ouvriers.

SOCIALISME UTOPIQUE

Ce terme englobe les différentes utopies socialistes nées au XIXe siècle: les idées de Saint-Simon, de Owen, de Fourier, d'Étienne Cabet ou la religion fusionienne sont les principales. Le fouriérisme a une grosse influence dans les idées de la Commune.

VIE & FONCTIONS

ÉLU DE LA COMMUNE

Deux élections sont organisées afin de désigner les membres du Conseil de la Commune. La première a lieu le 26 mars 1871 et comporte une majorité de révolutionnaires. À la suite de certaines démissions ou décès, des élections complémentaires sont organisées le 16 avril.

GARDE NATIONALE

Milice créée sous la Révolution de 1789, elle a toujours une fonction fondamentale dans toutes les révolutions françaises. Elle se bat sous les deux sièges de Paris. Son Comité central joue un rôle décisif dans la journée du 18 mars 1871.

DÉPORTÉ

35 000 hommes, 800 femmes et 538 enfants sont jugés par les Conseils de guerre après la chute de la Commune. 3 417 sont condamnés à la déportation simple et 1 169 en enceinte fortifiée; 160 sont condamnés aux travaux forcés simples et 91 à perpétuité.

EMPRISONNÉ

Les Conseils de guerre ont prononcé 3 368 peines de prison ou condamnations à payer des amendes, 1 247 détentions, 57 condamnations à la réclusion, le placement de 56 mineurs en maison de correction, 29 condamnations aux travaux publics et 332 bannissements.

EXILÉ

Les Conseils de guerre ont également prononcé 3 000 condamnations supplémentaires à la réclusion mais par contumace. Ce chiffre correspond peu ou prou au nombre des communards ayant réussi à fuir en s'exilant principalement à Londres ou à Genève.

MORT AU COMBAT

De nombreux communards sont morts pendant les offensives menées contre les Versaillais ou sur les barricades. Au terme de la Semaine sanglante on compte entre 8 000 et 30 000 morts. En outre, 93 communards sont passés par les armes après leur procès.

NOUS LES COMMUNARDS

Nous, assoiffés de justice, partisans de la République sociale;
nous, patriotes refusant l'humiliation de la capitulation;
nous, ouvriers et intellectuels; femmes et hommes; jeunes et vieux:
nous sommes la Commune! À bout de bras et à la pointe du fusil,
nous avons défendu un autre monde: un monde de justice, de dignité,
de droits et d'égalité! Nous l'avons bâti de nos mains au prix de notre sang!
Nous voici devant vous.

Le 18 mars,
le peuple et la Garde nationale fraternisent avec l'armée.
Ce jour décisif initie l'avènement de la Commune.

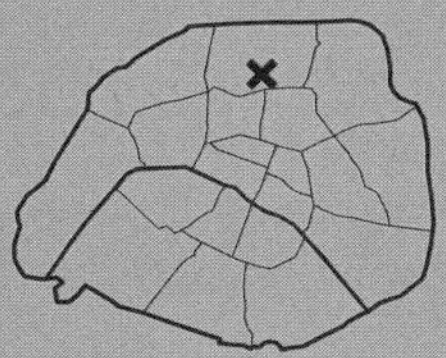

MET SA CROSSE EN L'AIR
SUR LA BUTTE MONTMARTRE (XVIIIE)

1842-1872 / 29 ANS

GALDRIC

EMPLOYÉ DES CHEMINS DE FER
& SERGENT DU 88^E^ RÉGIMENT D'INFANTERIE

VERDAGUER

Quelles raisons poussent le sous-officier Verdaguer du 88e régiment à mettre le premier la crosse de son fusil en l'air le 18 mars 1871 ? À la fin 1870, Paris est dans une situation chaotique. La capitale est remplie de soldats démobilisés, de Gardes nationaux et de repris de justice libérés depuis le 4 septembre. Le désordre est palpable. À deux reprises, le 31 octobre 1870 et le 22 janvier 1871, des insurgés envahissent l'Hôtel de Ville et sont aussitôt réprimés dans le sang. Le gouvernement de Thiers veut signer la paix, désarmer Paris et supprimer la solde de trente sous qui permet aux Gardes nationaux de subsister. Dès le 15 février, à la salle Tivoli Waux-Hall (salle abritant de nombreuses réunions politiques tout au long du XIXe siècle) la Garde nationale s'organise afin de lutter contre ces mesures, mais les tensions s'accentuent lorsque les Prussiens défilent sur les Champs-Élysées. Thiers et le général Vinoy cherchent à récupérer les canons parisiens et à stopper les insurgés.

COMITÉ CENTRAL - PROCLAMATION DU 28 MARS 1871

« Paris ouvrait à une page blanche le livre de l'histoire et y inscrivait son nom puissant »

Le 15 mars, le Comité central désigne ses membres qui sont prêts à défendre bec et ongles leurs 207 canons sans jamais se soumettre. Dans la nuit du 17 au 18 mars, le chef révolutionnaire Blanqui est arrêté et un manifeste gouvernemental invite les « *bons citoyens* » à se séparer des « *mauvais* ». À cinq heures du matin, les hommes des généraux Paturel et Lecomte se saisissent des canons de Montmartre mais manquent d'attelages pour les mouvoir. Les femmes de la Butte se mêlent à la troupe en criant :

« Vous n'allez pas tirer sur nous ! Nous sommes des frères ! »

Lorsque le général Lecomte donne l'ordre de tirer, c'est l'insubordination décisive de Verdaguer qui entraîne ses collègues et fait ainsi basculer l'Histoire. Lecomte est fusillé, Thiers est en fuite, la Commune peut s'envoler.

18 MARS 1871

27 VENTÔSE DE L'AN 79

•

Après plusieurs tentatives d'insurrections à Paris, le gouvernement supprime la solde de la Garde nationale et ordonne la saisie des canons payés par la souscription des Parisiens, provocation qui met le feu aux poudres.

GALDRIC VERDAGUER

Le grand chansonnier Jean-Baptiste Clément, auteur du « Temps des Cerises », est une figure incontournable de la Commune.

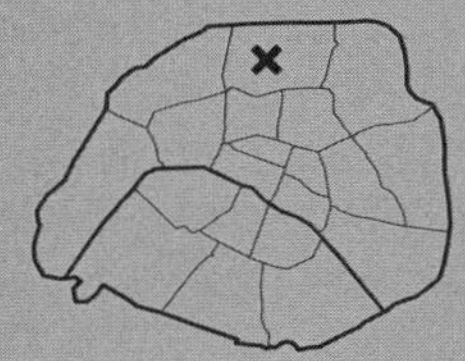

SIÈGE À LA MAIRIE DU XVIIIE

ÉLU DU XVIIIE

1836-1903 / 35 ANS

JEAN-BAPTISTE CLÉMENT

CHANSONNIER, POÈTE & MAIRE DU XVIIIE ARRONDISSEMENT

Fils d'un meunier aisé habitant dans un moulin-bateau, Jean-Baptiste Clément rompt avec sa famille à l'âge de dix-neuf ans pour partir à l'aventure. Après un an de vagabondage, il se réfugie chez sa grand-mère où il aiguise son goût pour la poésie. En 1859, il s'installe à Montmartre pour mener la vie de bohème des chansonniers et devient vite un personnage majeur de ce repaire d'artistes. Ses écrits, cris du cœur contre la misère, sont tout entiers dédiés au rêve d'une société égalitaire libérée des contraintes de la morale religieuse et bourgeoise. Il pratique l'amour libre, qui se reflète dans ses chansons, notamment dans *Le Temps des Cerises*, écrite en 1866 et qu'il dédie plus tard à Louise, ambulancière de la Commune. Ses écrits politiques lui valent la prison mais la chute de l'Empire lui rend la liberté et il s'engage au 129e bataillon.

JEAN-BAPTISTE CLÉMENT - LES ROUGES ET LES PÂLES

« [...] *Il faut vaincre et vaincre vite. Avec la paix le laboureur retournera à sa charrue, l'ouvrier à son atelier; la terre redeviendra féconde et le travail reviendra* [...] »

Aux élections du 26 mars 1871, « *L'artiste* » comme on le surnomme est le premier élu du XVIIIe. Il est très actif à la Commission de l'enseignement et assume avec son collègue Louis-Simon Dereure la fonction de maire de son arrondissement après la démission de Georges Clemenceau le 6 avril. Du pain, des logements et du travail, telles sont les priorités des familles qui connaissent la précarité. Dans son article « Les rouges et les pâles » pour le *Journal officiel*, il s'en prend aux défaitistes. Sa verve est au service d'une définition socialiste de la Commune. Il milite pour l'éducation intégrale et bout d'agir pour les démunis. Pendant la Semaine sanglante il se bat sur la dernière barricade et réussit à se cacher. Il écrit *La Semaine sanglante*, un chant poignant.

19 MARS 1871

28 VENTÔSE DE L'AN 79

•

le Comité central de la Garde nationale annonce les élections pour le Conseil de la Commune : « *C'est la fin du vieux monde gouvernemental et clérical, du militarisme, du fonctionnarisme, de l'exploitation, de l'agiotage, des monopoles, des privilèges...* »

LE TEMPS DES CERISES

Avec les corps francs, Gambetta voulait «faire de la France une grande guérilla».

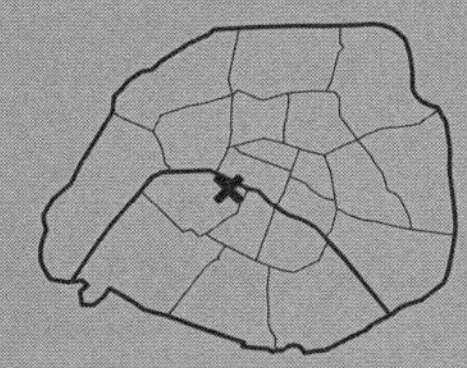

COMBAT SUR LA BARRICADE DE LA RUE DE LILLE (VIIe)

1840-1874 / 31 ANS

JOSÉPHINE

OUVRIÈRE AGRICOLE & FRANC-TIREUR AU BATAILLON DES «ENFANTS-PERDUS»

MARCHAIS

Les francs-tireurs apparaissent dès le mois d'août 1870 pour prêter main-forte à l'armée face aux Prussiens. Ces corps francs sont vivement encouragés par Gambetta qui déclare alors:

> «*Que chaque Français reçoive ou prenne un fusil, et qu'il se mette à la disposition de l'autorité: la patrie est en danger!*»

De nombreux groupes voient alors le jour principalement dans le Nord et l'Est de la France et se dotent de noms atypiques: Corps franc des Vosges, Chasseurs de l'Argonne, Éclaireurs des Ardennes... Le point commun à l'ensemble de ces groupes de volontaires à la sociologie hétérogène est le patriotisme populaire. Menant une sorte de guérilla contre l'envahisseur, chaque groupe de partisans a son identité vestimentaire se rapportant presque toujours à une région. Il n'y a pas d'unité idéologique mais les francs-tireurs sont parfois l'antichambre armée de la Commune révolutionnaire.

Les femmes y sont présentes et occupent occasionnellement des fonctions d'officiers. Joséphine Marchais, vivandière [01] au bataillon des Enfants-Perdus, incite son amant, le boucher Guy Jean, à s'y battre en tant que garde. De nombreux corps francs usent du surnom d'«enfants-perdus».

Après la mort de Gustave Flourens, le 3 avril 1871, le bataillon des Vengeurs de Flourens se met en mouvement. Les noms que portent ces compagnies égalent en originalité la tenue adoptée par les combattants. Joséphine Marchais, par exemple, est souvent coiffée d'un chapeau tyrolien. De nombreuses photos de protagonistes posant dans une attitude revancharde, fusil Chassepot en main, témoignent de cette grande diversité d'uniformes.

01 Personne, généralement une femme, qui suivait les troupes pour vendre aux soldats des vivres, des boissons.

21 MARS 1871

30 VENTÔSE DE L'AN 79

•

Afin de se réarmer contre Paris, les troupes versaillaises occupent la forteresse du Mont-Valérien.

Le 13 février 1871, l'Assemblée nationale se réunit à Bordeaux. « Vous n'êtes qu'une majorité rurale ! », crie alors Gaston Crémieux, futur chef de la Commune de Marseille, aux conservateurs qui censurent Garibaldi.

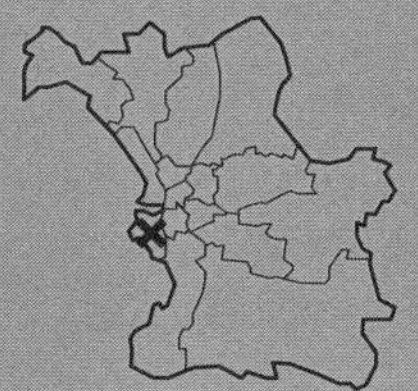

EST FUSILLÉ AU PHARO
(COMMUNE DE MARSEILLE)

1836-1871 / 35 ANS

GASTON CRÉMIEUX

AVOCAT, POÈTE & REPRÉSENTANT DE LA COMMUNE DE MARSEILLE

Gaston Crémieux, homme généreux et charismatique, « avocat des pauvres », est une figure de proue de l'opposition radicale marseillaise. La tension révolutionnaire s'exprime fréquemment à Marseille à la fin du Second Empire. Sous l'impulsion de l'ouvrier typographe André Bastelica, l'Internationale, implantée depuis 1867, est fortement influencée par les idées de Bakounine. L'agitation s'accentue pendant la guerre franco-prussienne. Le 8 août 1870, la première tentative pour mettre en place une commune révolutionnaire se matérialise par une manifestation de 40 000 personnes avec Crémieux et Gustave Naquet à sa tête et la présence du poète Clovis Hugues. Elle est dispersée par la police.

GASTON CRÉMIEUX & ALPHONSE ESQUIROS - 3 OCTOBRE 1870

« Nous sommes résolus à tous les sacrifices, et, si nous restons seuls, nous ferons appel à la révolution avec toutes ses haines, ses colères et ses fureurs patriotiques. »

Le 7 septembre, Crémieux accueille Alphonse Esquiros, envoyé par Gambetta à Marseille alors que les républicains ont pris le pouvoir. Esquiros épure l'armée et la magistrature puis nomme Crémieux au poste de procureur de la République. Les tensions avec le gouvernement font renaître des velléités d'autonomie régionaliste qui aboutissent à la création de la Ligue du Midi pour la défense de la République. Présidée par Esquiros, celle-ci organise les combats et accueille les troupes de Garibaldi le 7 octobre. Mais le rapport de force avec le gouvernement pousse la Ligue et ses quinze départements à rédiger un appel aux armes, ce qui se traduit par le limogeage d'Esquiros. Le 1er novembre, une nouvelle insurrection réclame la Commune mais, cette fois malade, Esquiros se retire de la politique. Le 22 mars 1871, Crémieux prononce un discours et déclare « *Vive Paris !* ». Le lendemain, il prend la tête de la Commission insurrectionnelle matée le 4 avril par les canons du général Espivent. En prison, Crémieux rédige une pièce sur Robespierre louée par Victor Hugo. Le 30 novembre, il dit, avant d'être fusillé au Pharo : « *Visez à la poitrine. Ne frappez pas la tête. Feu ! Vive la Répu...* ».

23 MARS 1871

2 GERMINAL DE L'AN 79

•

La Commune de Marseille est proclamée par Gaston Crémieux. À Paris, la chambre syndicale des tailleurs et scieurs de pierres décide d'organiser des secours en cas de blessures ou d'accidents.

Dans la continuité de la Commune de Paris, celle de Narbonne a pour ambition de soulever tout le Midi pour bâtir la République démocratique et sociale.

1822-1894 / 49 ANS

ÉMILE

ENTREPRENEUR, JOURNALISTE & CHEF PROVISOIRE DE LA COMMUNE DE NARBONNE

DIGEON

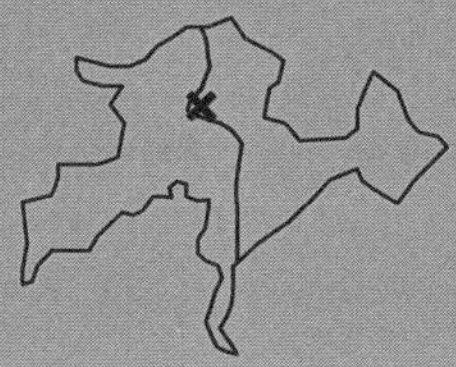

PROCLAME LA COMMUNE AU BALCON DE L'HÔTEL DE VILLE (COMMUNE DE NARBONNE)

Émile Digeon est issu d'une famille de juristes, républicaine et franc-maçonne. Son père, candidat républicain à l'élection de Montpellier en 1852, est un proscrit de l'Empire. Les Digeon sont alors déportés en Algérie mais réussissent à fuir vers les Baléares. À Palma, Émile Digeon rencontre sa femme Hélène Choussat, amie de George Sand et de Chopin. Devenu banquier, il finance le percement du canal de Suez. De retour en France en 1867, il est journaliste à *La Fraternité* de Théophile Marcou et s'engage contre l'Empire. À la chute de Napoléon III en septembre 1870, les villes du Midi comme Carcassone, Castelnaudary ou Narbonne s'émancipent et se joignent à Lyon afin de constituer un Comité central de défense dont Digeon est le délégué. Celui-ci participe également à la création de la Ligue du Sud-Ouest par Adolphe Royannez, rédacteur en chef du journal révolutionnaire toulousain *L'Émancipation*.

Le 12 mars 1871, Digeon est invité à prendre la parole dans une réunion du Club Lamourguier qui rassemble les « rouges ». Il s'en prend au gouvernement, défend le droit des femmes au travail et fait l'apologie du drapeau rouge du sang des martyrs. C'est ce drapeau qui est hissé le 24 mars dans un climat insurrectionnel au moment où Digeon proclame la Commune. Chef provisoire, il tente de faire en sorte que le mouvement fasse tâche d'huile mais Adolphe Thiers appelle à la répression le 28 mars. Digeon fait alors publier un manifeste dans lequel il est dit :

> « *Que d'autres consentent à vivre éternellement opprimés ! Qu'ils continuent à être le vil troupeau dont on vend la laine et la chair !* »

Le 31, la Commune narbonnaise est matée. Digeon, arrêté, est néanmoins acquitté lors de son procès à Rodez. Ami du socialiste Jules Guesde, il devient le confident de Louise Michel après l'amnistie, et contribue à la rédaction de certains de ses livres.

24 MARS 1871

3 GERMINAL DE L'AN 79

•

La Commune est proclamée à Saint-Étienne et à Narbonne.

Déjà en 1831 et 1834, les canuts, ouvriers de la soie, se révoltent en portant sur leurs bannières ces mots: «Vivre en travaillant ou mourir en combattant». Ils sont réprimés par un certain Adolphe Thiers.

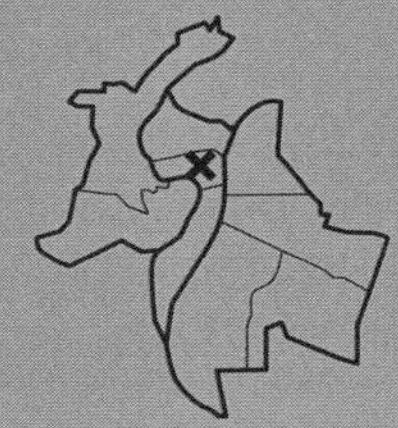

FONDE L'AMBULANCE LIBRE DE LA CROIX-ROUSSE (COMMUNE DE LYON)

1841-1918 / 30 ANS

MARIE BONNEVIAL

INSTITUTRICE & INFIRMIÈRE VOLONTAIRE

À Lyon, le quartier de la Croix-Rousse abrite un vieil artisanat à tradition révolutionnaire, tandis que La Guillotière rassemble le nouveau prolétariat industriel. L'opposition à l'Empire, la tradition républicaine et ouvrière et l'implantation de l'Internationale sont autant de ferments contribuant à l'agitation lyonnaise qu'illustre la multiplication des grèves, comme celles des ovalistes de 1869. Le droit au repos, le paiement des heures supplémentaires, la reconnaissance du travail des femmes, l'autonomie dans la gestion des caisses de secours et l'affichage des tarifs dans les ateliers constituent le gros des revendications. Ce terreau révolutionnaire s'active lorsqu'après la défaite du 2 septembre 1870, un Comité de salut public à majorité républicaine radicale est créé pour poursuivre la guerre. Marie Bonnevial qui sert en tant qu'infirmière volontaire dans le corps des garibaldiens, fonde alors L'ambulance libre de la Croix-Rousse avec une soixantaine de Lyonnaises.

Le 15 septembre, l'arrivée de Mikhaïl Bakounine radicalise la situation. Avec des membres de l'AIT comme Albert Richard, Camille Camet et Gustave Cluseret, il crée le Comité du salut de la France et placarde le 28 septembre une affiche rouge réclamant la fédération des Communes. Le rassemblement ouvrier qui suit est cependant dispersé par la Garde nationale des quartiers bourgeois. La deuxième proclamation de la Commune a lieu le 23 mars 1871 avec le renfort de dix-huit bataillons de la Garde nationale sur les vingt-quatre que compte celle-ci. Marie Bonnevial soutient alors les familles communardes et lance une souscription pour financer la fonte d'un canon appelé *Ville de Lyon*. L'entrée des forces mobiles, revenant le 25 mars du siège de Belfort, écrase le mouvement. Si les ouvriers résistent encore à La Guillotière, ils sont néanmoins réprimés le 30 avril. L'institutrice Marie Bonnevial est exclue de son poste pour sa participation au mouvement et ses engagements en faveur de l'école laïque.

25 MARS 1871

4 GERMINAL DE L'AN 79

•

Alors que la Commune de Lyon est renversée, celle de Toulouse est proclamée. Elle a duré deux jours et fut surnommée la «*Commune à l'eau de rose*» du fait de la modération de son «*chef*» Armand Duportal

MARIE BONNEVIAL

Avec la révolution industrielle et l'émergence du capitalisme, le XIXe siècle a vu naître des luttes syndicales importantes. Celles du Creusot ont abouti à la proclamation d'une Commune en 1871.

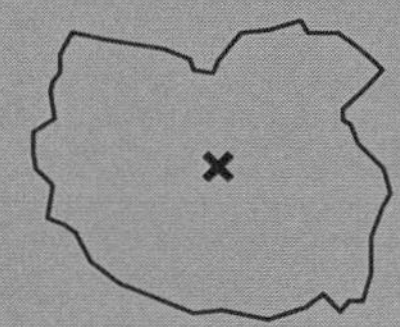

PROCLAME LA COMMUNE À LA FENÊTRE DU BALCON DE LA MAIRIE (COMMUNE DU CREUSOT)

1841-1926 / 30 ANS

JEAN-BAPTISTE

OUVRIER TOURNEUR & REPRÉSENTANT DE LA COMMUNE DU CREUSOT

DUMAY

Comprendre la Commune du Creusot, c'est connaître la vie de Jean-Baptiste Dumay, fils posthume d'un ouvrier mort à la suite d'un accident du travail dans les mines de charbon Schneider. Depuis 1836, les frères Schneider ont une parfaite mainmise économique et politique sur Le Creusot où ils adoptent un paternalisme résolument autoritaire. À l'exception d'un bref moment révolutionnaire en 1848, aucune organisation ouvrière n'est parvenue à s'implanter dans ce «*fief capitaliste*». Dumay est éduqué dans les écoles primaires Schneider et devient ouvrier à treize ans dans les mines du même nom. Congédié une première fois à dix-neuf ans, il réintègre le «*bagne industriel*» en 1868 en tant qu'ouvrier tourneur. Il crée alors le Cercle d'études sociales et se lie à l'Internationale.

JEAN-BAPTISTE DUMAY - 26 MARS 1871

«Je ne suis plus le représentant du gouvernement de Versailles, je suis le représentant de la Commune du Creusot.»

En 1870, Schneider compte environ 10 000 ouvriers. Entre janvier et mars, métallurgistes et mineurs y déclenchent des grèves. Dumay étant malade durant cette période, Adolphe Assi en assure le roulement. Les revendications portent sur l'amélioration des conditions et des heures de travail. Contre le *lock-out* général, Eugène Schneider fait envoyer la troupe. Dumay se distingue dans la campagne contre le plébiscite de mai 1870 puis comme candidat ouvrier aux élections au conseil d'arrondissement. Il devient maire provisoire à la chute de l'Empire mais est battu aux élections législatives du 8 février 1870. Le 12 mars 1871, il refuse l'injonction qui lui est faite d'installer le commissaire de police Diètze qui a officié sous l'Empire. Le préfet tente alors de renvoyer Dumay. Le 26 mars, celui-ci proclame la Commune afin de protester contre l'Assemblée de Versailles et ses prétentions à s'ériger en Constituante. Il réclame la nationalisation des usines, des ateliers de charité pour les chômeurs et un crédit pour le pain des ouvriers. La Commune est cependant balayée le 28 mars. Dumay parvient à se cacher avant de s'exiler en Suisse.

26 MARS 1871

5 GERMINAL DE L'AN 79

•

Alors que le Comité central de la Garde nationale organise les élections pour la Commune de Paris, Jean-Baptiste Dumay proclame la Commune du Creusot.

La Garde nationale est la cheville ouvrière de la Révolution, c'est son Comité central dont est membre Gabriel Ranvier, le « Christ de Belleville », qui organise les élections de la Commune.

1828-1879 / 43 ANS

GABRIEL

COMMANDANT DU 141ᴱ BATAILLON DE LA GARDE NATIONALE & MEMBRE DU COMITÉ DE SALUT PUBLIC

RANVIER

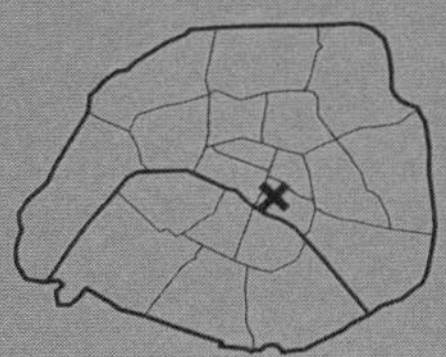

PROCLAME LA COMMUNE SUR LE PARVIS DE L'HÔTEL DE VILLE DE PARIS (IVᴱ)

ÉLU DU XXᴱ

Orateur charismatique, communiste notoire, Gabriel Ranvier est chef du 141ᵉ bataillon de la Garde nationale pendant le siège. Son incarcération, le 4 novembre 1870, pour son activité révolutionnaire suscite un grand émoi, d'autant qu'il est élu maire du XXᵉ le lendemain, une fonction qu'il assume depuis sa cellule. Il faut noter que l'organisation communaliste puise son origine dans une pluralité de structures. Ainsi du Comité central républicain des Vingt arrondissements créé le 13 septembre 1870 sous la pression des sociétés ouvrières qui viennent d'obtenir des élections municipales. Lequel Comité publie, le 14 septembre, l'*Affiche Rose* revendiquant la suppression de la police d'État au profit de la Garde nationale. Tout aussi décisive est l'instance exécutive de la Fédération républicaine de la Garde nationale fondée en février 1871. Cette dernière publie l'*Affiche Noire* qui invite stratégiquement les Parisiens à ne pas manifester contre les Prussiens. Le 3 mars 1871, l'élection d'un Comité exécutif provisoire de trente-deux membres aboutit à une quasi-fusion de ces deux assemblées au sein du Comité central de la Garde nationale, dont Ranvier est le délégué.

GABRIEL RANVIER - 28 MARS 1871

« Le Comité central remet ses pouvoirs à la Commune, citoyens j'ai trop plein de joie pour prononcer un discours [...] *Au nom du peuple, la Commune est proclamée »*

La Garde nationale organise les élections, et c'est Ranvier qui proclame officiellement la Commune le 28 mars 1871. Membre de la Commission de la Guerre, Ranvier prend la tête de la délégation des francs-maçons le 29 avril 1871. Il vote pour le Comité de salut public et y siège. Son nom figure sur vingt-deux décisions et il s'investit si puissamment qu'on le taxe d'autoritaire. Il est cependant largement reconduit dans ses fonctions le 10 mai. Pendant la Semaine sanglante, il organise la résistance dans le XXᵉ et met les Buttes-Chaumont en ordre de défense.

28 MARS 1871

7 GERMINAL DE L'AN 79

•

Sur la place de l'Hôtel de Ville, dans une ambiance festive, la Commune de Paris est officiellement proclamée par Gabriel Ranvier devant une foule de Parisiens de catégories sociales confondues.

GABRIEL RANVIER

La Commune est avant tout une révolution d'anonymes et de « sans-histoire ».

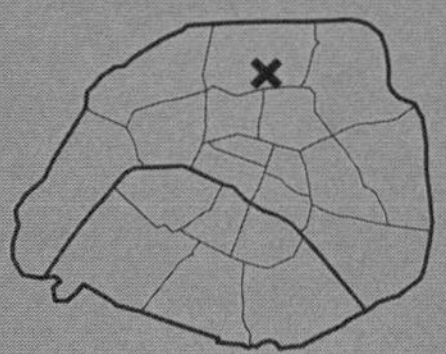

SE FAIT PHOTOGRAPHIER RUE MYRHA (XVIIIe)

(?)

MADAME
LIEUTENANT DE LA GARDE NATIONALE
FAURE

Qui sont le lieutenant Faure et madame *Jules Faure* ? Un même nom et cependant deux personnes. La Commune est connue comme une révolution aux mille visages, une insurrection populaire menée par la foule des anonymes et des inconnus. Souvent les notices biographiques se confondent, on attribue des faits à plusieurs noms, on impute et l'on suppute, on glose et l'on suppose, on tente de recoller les morceaux d'un puzzle dispersé aux quatre vents de l'histoire ouvrière et des rapports de police. Au banquet des invisibles et des approximatifs du passé, les femmes occupent une place de choix : des photos sans nom, des noms sans photo, des biographies lapidaires à la table des lapidées, de celles dont la socialiste Flora Tristan a dit qu'elles sont « *le prolétaire du prolétaire même* ».

Un anonymat attesté par ces mesdames Faure que l'on devine sous les traits d'un seul personnage. Nous ne savons presque rien sur la *lieutenant Faure*, sinon ce que nous dit une photographie la représentant, rue Myrha, en uniforme de Fédérée. Plus étonnant, les informations se rapportant à madame Eugénie de Castellane, mieux connue sous le nom de son mari en tant que madame *Jules Faure*, nous manquent également. Cette dernière compose en 1866 *Mes idées, poésies diverses*, mais c'est surtout elle qui rédige *La Marseillaise de la Commune*. Cette chanson n'est publiée qu'en 1872 et ne sera pas autant interprétée que les nombreux autres chants communards. En voici la première strophe :

> « *Français ! ne soyons plus esclaves !*
> *Sous le drapeau rallions-nous,*
> *Sous nos pas brisons les entraves,*
> *Quatre-vingt-neuf, réveillez-vous ! (bis)*
> *Frappons du dernier anathème*
> *Ceux qui, par un stupide orgueil,*
> *Ont ouvert le sombre cercueil*
> *De nos frères morts sans emblème.* »

29 MARS 1871
8 GERMINAL DE L'AN 79

•

La Commune décrète un moratoire sur les loyers, la suspension de la vente des objets au Mont-de-piété (prêt sur gage), l'abolition de la conscription militaire et de l'armée de métier.

1871

Sous les deux sièges de Paris les murs sont recouverts d'affiches réalisées par l'Imprimerie nationale dont l'existence remonte à Richelieu en 1640.

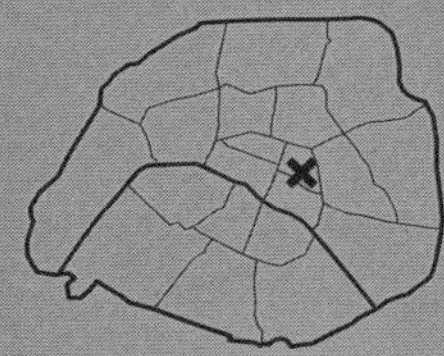

S'EMPARE DE L'IMPRIMERIE NATIONALE À L'HÔTEL DE ROHAN AU 87, RUE VIEILLE-DU-TEMPLE (IIIE)

1822-1891 / 49 ANS

LOUIS DEBOCK

TYPOGRAPHE, POÈTE & DIRECTEUR DE L'IMPRIMERIE NATIONALE

Habitué des banquets socialistes[01], ce fils de tisserand lillois, proche des idées mutuellistes de Proudhon, persuade ce dernier de collaborer à son journal *Le Représentant du Peuple*. Proscrit du coup d'État de 1851, il bénéficie de l'amnistie de 1859 qui lui permet de poursuivre ses activités d'agitateur syndical et de poète engagé.

Imprimeur, il est proche de l'Internationale[02] et écrit pour *La Tribune ouvrière*. Pendant la guerre franco-prussienne, il est lieutenant au 167e bataillon de la Garde nationale. Le 18 mars, Debock et son collègue Jean-Louis Pindy font une entrée fracassante à l'Imprimerie nationale afin de s'en emparer au nom du Comité central. Tenu pour «*la pensée et le verbe éloquent*» du Comité central, Édouard Moreau est promu délégué à l'Imprimerie nationale; toutefois Debock en assure la direction, accompagné de son fils et de l'ouvrier typographe André Alavoine. Debock intervient dans la rédaction des textes, fait élire les chefs par les ouvriers, garantit les salaires et met ses idées associationnistes en application. Il supervise la fabrication des affiches qui permettent d'informer, d'influencer l'opinion mais également de diffuser ordres et directives.

Entre le 19 mars et le 25 mai, 399 affiches sont imprimées, numérotées et annotées des mots: «*Imprimerie nationale*» et de la formule «*République française. Liberté-Egalité-Fraternité. Commune de Paris*». Cela fait une moyenne de cinq ou six affiches par jour, dont la diffusion est assurée par un service dédié d'une cinquantaine de personnes qui les placardent jour et nuit. La *Nationale* imprime également tracts et documents administratifs.

Grâce à Debock, les Archives Nationales sont épargnées par les flammes de la Semaine sanglante.

01 Sous la monarchie de Juillet (1830-1848), les banquets sont des réunions au sein desquelles les toasts des orateurs sont des programmes politiques déguisés.

02 L'Association internationale des travailleurs (AIT) a pour but de coordonner les mouvements ouvriers. On la surnomme aussi l'Internationale.

1ER AVRIL 1871

11 GERMINAL DE L'AN 79

•

La Commune vote le plafonnement des traitements des fonctionnaires à un maximum de 6000 francs annuels.

RÉPUBLIQUE FRANÇAISE
COMMISSION
DES
CITOYENS,

La Commission de l'Enseignement présidée par Édouard Vaillant prépare les réformes scolaires qui sont aujourd'hui attribuées à Jules Ferry.

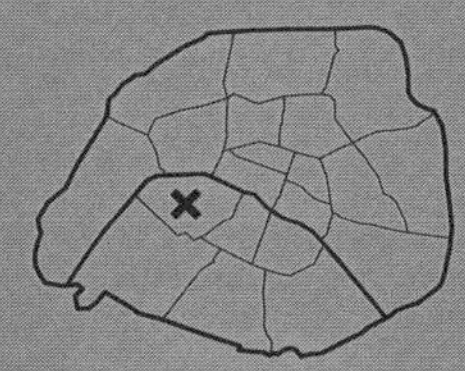

SIÈGE AU MINISTÈRE DE L'ÉDUCATION 110, RUE DE GRENELLE (VIIE)

1840-1915 / 31 ANS

ÉDOUARD VAILLANT

INGÉNIEUR DES ARTS ET MANUFACTURES & DÉLÉGUÉ À LA COMMISSION DE L'ENSEIGNEMENT

ÉLU DU VIIIE

Issu d'une famille bourgeoise de province, Édouard Vaillant étudie à Paris au collège Sainte-Barbe puis à l'École Centrale. Il se rapproche de Louis-Auguste Rogeard, de Charles Longuet (futur gendre de Marx) et se mélange à la jeunesse contestataire qui anime la brasserie Glaser de la rue Saint-Séverin. C'est lui qui informe Marx par télégraphe de la chute de l'Empire. Pendant le siège, il fraternise avec les blanquistes et organise les journées révolutionnaires du 31 octobre 1870 et du 22 janvier 1871. Durant les élections de mars 1871, soutenu par le *Père Duchesne* [01], il est élu dans le VIIIe. Homme d'ordre, il affirme la nécessité pour la Commune de frapper la propriété de décrets socialistes et demeure une figure unitaire au sein du mouvement. Délégué à l'Instruction publique, il œuvre à la laïcisation de l'éducation. Le 2 avril, la Commune décide de la séparation de l'Église et de l'État. Dans la continuité de ce décret, Vaillant réorganise l'école.

Son action a pour but le droit à l'éducation intégrale et l'instruction laïque, gratuite et obligatoire pour tous, filles et garçons. Ses réformes portent ainsi sur l'enseignement technique et professionnel, la démocratisation de l'enseignement médical et la laïcisation du personnel de l'enseignement municipal. L'égalité salariale pour les instituteurs et institutrices est promulguée et les salaires sont augmentés. Amateur d'art et de musique, Vaillant est particulièrement attentif aux travaux de la Fédération des Artistes. Il rattache la gestion des théâtres à ses attributions tout en prêchant leur réorganisation sur un mode associatif. Figure de proue du socialisme, *grand-père* de la CGT (Confédération Générale du Travail) il fonde en 1881 le Comité révolutionnaire central qui participera à la création de la SFIO [02].

01 Ce journal de huit pages est l'un des plus lus sous la Commune. Son titre comme son vocabulaire fleuri sont empruntés au journal créé par Hébert de 1790 à 1794. Il tire 68 numéros en tout.

02 La Section française de l'Internationale Ouvrière est le parti politique créé en 1905 par Jean Jaurès. Il rassemble les grandes tendances du socialisme français, divisées depuis la Commune.

2 AVRIL 1871

12 GERMINAL DE L'AN 79

•

La Commune proclame la liberté de culte, la séparation de l'Église et de l'État, et la suppression du budget des cultes. Les Versaillais attaquent Courbevoie.

Le 17 avril 1871, Léo Frankel demande que la place d'Italie soit rebaptisée du nom du martyr communard Émile Duval, fusillé quelques jours plus tôt par les Versaillais.

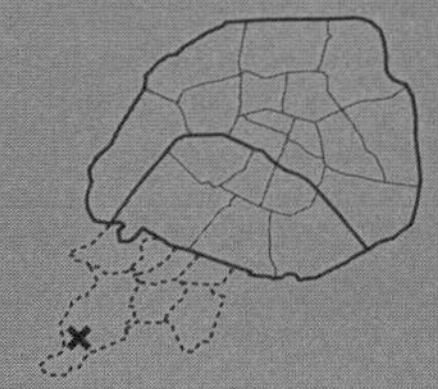

FUSILLÉ AU PETIT-CLAMART (92)

1840-1871 / 31 ANS

ÉMILE DUVAL

OUVRIER FONDEUR & GÉNÉRAL DE LA COMMUNE

ÉLU DU XIIIE

Enfant naturel d'une mère blanchisseuse du «*faubourg souffrant*»[01], Émile Duval devient fondeur à quinze ans. Rapidement il dirige une société de prévoyance de sa corporation. Il se rapproche des milieux blanquistes et adhère à l'Internationale. Les fondeurs étaient souvent payés à la pièce et non sur la base des heures passées à travailler. C'est donc au nom de la dignité et de la liberté du travail, contre le travail à la tâche, qu'une grande grève s'installe dans la durée en 1870, illustrant la force de la solidarité ouvrière nationale et internationale. Duval en est la cheville ouvrière.

Influencé par les idéaux de 1793, son patriotisme le pousse à s'enrôler pendant le siège comme Garde national au 176e bataillon.

En septembre 1870, il entre à la Commission municipale du XIIIe et s'investit dans le Club démocratique et socialiste. Avec Émile Eudes, Jules Bergeret et le *chevalier rouge* Gustave Flourens, Duval fait partie des chefs militaires blanquistes que les insurrections du 31 octobre 1870 et du 22 janvier 1871 mettent sur le devant de la scène. Il prépare l'insurrection sur la rive gauche et en prend possession le 18 mars. S'il fait arrêter le général Chanzy, Duval, commandant militaire de l'ex-préfecture, fait figure de modération à côté du préfet Rigault. Devenu général de la Commune, il participe à l'offensive catastrophique lancée en avril contre Versailles. Le 3 avril, Flourens est tué à coups de sabre à Chatou. Le lendemain, Duval est capturé sur le plateau de Châtillon par le général Pellé qui lui promet la vie sauve. Cependant, lorsque le général Vinoy le rejoint, celui-ci fait fusiller Duval qui crie : « *Vive la Commune !* ».

01 Surnom parfois donné au XIIIe arrondissement.

DUVAL AUX TRAVAILLEURS DE LA BARRIÈRE MONTPARNASSE - 1869

« Nous voulons l'application du droit naturel, l'égalité ; nous supprimons l'hérédité, la propriété individuelle et le capital, qui ne peut exister sans travail. »

3 AVRIL 1871

13 GERMINAL DE L'AN 79

•

Les communards lancent et perdent une attaque sur Rueil-Malmaison. Cet échec entraîne la mort des généraux Flourens et Duval.

Celle qu'on surnomme la « vaillante plébéienne » s'est battue toute sa vie pour le droit au travail et l'instruction des femmes.

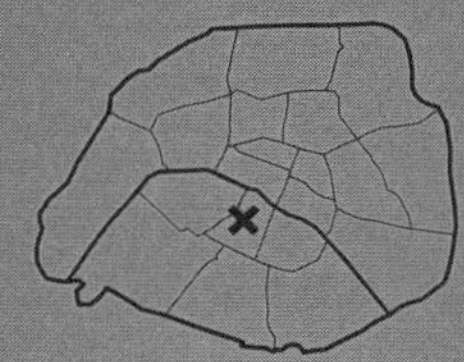

INTERVIENT SOUVENT AU CLUB DE LA VICTOIRE (ÉGLISE SAINT-SULPICE) (VIe)

1839-1901 / 32 ANS

PAULE MINCK

DIRECTRICE D'ÉCOLE & JOURNALISTE RÉVOLUTIONNAIRE

Paule Minck, de son vrai nom Paulina Merkaska, est une polonaise de noble extraction dont le père a participé à l'insurrection polonaise de 1830 avant de s'installer en France. Elle est biberonnée aux doctrines de l'utopie saint-simonienne [01] et bénéficie d'une bonne éducation.

Entre 1868 et 1870, l'Empire se libéralise et autorise les assemblées publiques. On dénombre durant cette période 110 conférences et 933 réunions. Paule Minck les marque de sa présence, surtout en animant des conférences, un exercice où les femmes subissent un peu moins le machisme. Si elle repousse la notion de « *lutte des sexes* », préférant celle de tous les opprimés, elle se bat néanmoins pour que les femmes aient le droit à la parole au nom de l'égalité. Elle se fait notamment remarquer pour son pamphlet anti-bonapartiste *Les Mouches et l'Araignée*.

Son sens de la formule en fait une oratrice convaincante qui confronte ses idées aux théories sexistes des proudhoniens. À l'éloge de la femme au foyer, elle oppose l'indépendance et le droit au travail pour les femmes. Elle est à Auxerre pendant le siège mais revient à Paris après le 18 mars. Elle fonde alors une école libre de jeunes filles à Montmartre et s'investit aux Clubs de la Victoire (à Saint-Sulpice), de Notre-Dame-de-la-Croix (à Ménilmontant) et de Saint-Nicolas-des-Champs. Toujours armée de son révolver surnommé *la Joséphine*, elle prêche la lutte à outrance contre Versailles. Après la Commune, elle est fidèle à ses idées en participant au mouvement féministe de la fin du XIXe siècle. Elle publie des articles dans la presse socialiste sans jamais rentrer dans des querelles de chapelle. Son enterrement rassemble toutes les tendances du mouvement ouvrier.

01 Doctrine développée par Saint-Simon (1750-1825) et ses adeptes, et dont les mots d'ordre sont le travail, la fraternité et le progrès. On la considère comme une forme de socialisme utopique.

DISCOURS SUR LE TRAVAIL DES FEMMES - 13 JUILLET 1868

« En déniant à la femme le droit au travail, vous la ravalez, vous la mettez sous le joug de l'homme et vous la livrez en tout au bon plaisir masculin. »

8 AVRIL 1871

18 GERMINAL DE L'AN 79

•

La Commune vote un décret sur les pensions aux blessés, aux veuves (600 francs) et aux orphelins (365 francs).

Élisée Reclus est l'un des plus célèbres théoriciens de l'anarchisme libertaire et l'un des pionniers de l'écologie. Il est Garde national et aérostier pendant la Commune.

1830-1905 / 41 ANS

ÉLISÉE RECLUS

GÉOGRAPHE
AÉROSTIER & 119E BATAILLON DE LA GARDE NATIONALE

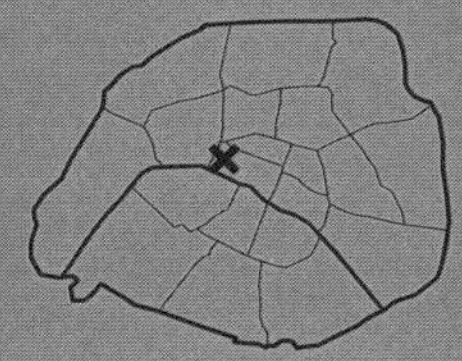

ASSURE DES TOURS DE GARDE AU PALAIS DES TUILERIES (1ER)

Fils d'un pasteur calviniste, Élisée Reclus a été marqué par cette éducation, ce qui ne l'empêche pas de se convertir à un athéisme militant. Rêveur et idéaliste, ses nombreux voyages en Angleterre et en Amérique, sa contemplation de la nature, des ruisseaux, des rivières et des fleuves en font un partisan du droit absolu à la liberté. À ce titre, il est l'un des théoriciens de l'anarchisme aux côtés de Bakounine et de Kropotkine. L'anarchie, Reclus la définit comme la plus haute expression de l'ordre, le moment où l'humanité ayant atteint l'ultime degré de solidarité universelle ne connaîtra ni misère ni guerre et n'aura plus besoin de la tutelle d'un gouvernement. Il est un défenseur de l'entraide comme facteur de l'évolution et de la connaissance de l'Homme et de la Terre. Selon lui, l'émancipation doit abolir la lutte des classes et redonner sa souveraineté à l'individu. Reclus participe au travail coopératif des associations ouvrières de production.

En septembre 1870, il écrit à Nadar pour lui demander de rejoindre le bataillon des aérostiers. Celui-ci le conduit à Montmartre et, après l'avoir initié, il fait grimper le «*doux entêté de vertu*» dans la nacelle de son ballon. Élisée Reclus s'improvise aérostier et met ses talents de géographe au service de la défense de Paris. Il est alors Garde national. Candidat malchanceux des Basses-Pyrénées aux élections du 8 février 1871, il revient à Paris. Le 4 avril, il tombe dans une embuscade des Versaillais à Châtillon. Dès lors que le 4 mai son frère Élie est nommé directeur de la Bibliothèque nationale, Élisée Reclus s'impatiente de servir la Commune. Cette expérience confirme son anarchisme communiste et libertaire pour lequel il milite jusqu'à sa mort. De 1876 à 1894, il rédige la *Nouvelle Géographie universelle* qui totalise vingt volumes.

9 AVRIL 1871
19 GERMINAL DE L'AN 79
•
L'obligation de déclaration préalable pour la presse est votée par la Commune. Dombrowski et Vermorel repoussent les Versaillais.

Lorsque Marx envoie Élisabeth Dmitrieff à Paris comme correspondante de l'AIT, pouvait-il se douter que celle qu'il nommait «The Russian Lady» y jouerait un tel rôle?

1851-1910 (?) / 19 ANS

ÉLISABETH

JOURNALISTE RÉVOLUTIONNAIRE
& FONDATRICE DE L'UNION DES FEMMES
POUR LA DÉFENSE DE PARIS

DMITRIEFF

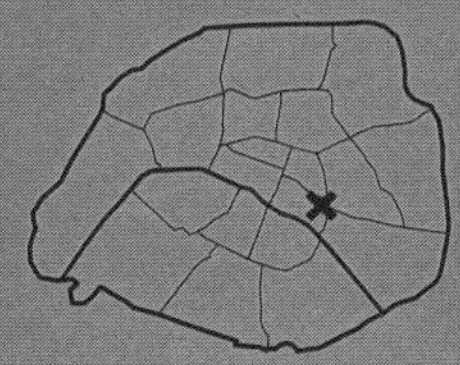

SAUVE LÉO FRANKEL À LA BARRICADE DE LA BASTILLE (XIᴱ)

C'est la fougue révolutionnaire qui anime l'âme d'Élisabeth Dmitrieff, passionaria russe qui, à dix-neuf ans, a déjà parcouru l'Europe. Après son incarcération à Saint-Pétersbourg pour son activisme socialiste, elle rejoint la Suisse en 1868 et y codirige le journal *La Cause du peuple*. À Londres, en 1870, elle dialogue avec Marx sur la notion de populisme et le fonctionnement des communes rurales russes. Le 25 mars 1871, elle rejoint la Commune. Avec Nathalie Lemel, elle fonde l'Union des femmes pour la défense de Paris et les soins aux blessés. Elle assume cette fonction avec fermeté, toujours ceinte d'une écharpe rouge à frange d'or dans laquelle elle loge ses pistolets. Sa beauté envoûte et sa verve foudroie les légions coalisées des tyrans de l'Europe.

Pour elle, la Commune n'est qu'une étape vers la révolution mondiale qui doit soustraire «*le travail au joug du capital exploiteur*». Elle défend le droit au travail, les associations productives, la diminution du temps de travail et des tâches répétitives, «*l'anéantissement de toute concurrence entre travailleurs des deux sexes*» et leur égalité salariale.

Socialisme et féminisme sont donc un seul et même combat. «*Le gant est jeté, il faut vaincre ou mourir!*», déclare-t-elle quand le conflit avec Versailles devient inévitable. Lors de la Semaine sanglante, elle sauve Léo Frankel sur la barricade de la Bastille, mais son destin romanesque ne l'y fait pourtant pas périr. Elle fonde à Genève une section russe de l'Internationale. En 1876, de retour en Russie, elle épouse le chef de la bande de hors-la-loi les «Valets de cœur» afin de lui éviter une condamnation à mort commuée en un exil en Sibérie. Élisabeth Dmitrieff y finit ses jours à une date inconnue.

11 AVRIL 1871

21 GERMINAL DE L'AN 79

•

Dans un café de la rue du Temple est fondée l'Union des femmes pour la défense de Paris, organisation composée d'environ trois cents femmes.

ЧТО
ДѢЛАТЬ
?

Dans les rangs des communards, l'uniforme des marins de la République est parmi les plus appréciés de la population.

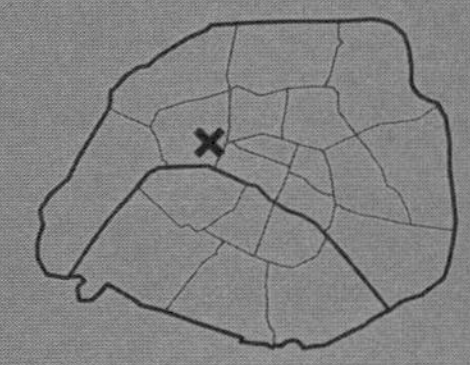

DÉFEND LA BARRICADE DE LA RUE ROYALE (VIIIe)

1835-(?) / 29 ANS

HORTENSE MACHU

BROSSIÈRE & CANTINIÈRE

Avant la Commune, Hortense Machu était ouvrière brossière[01]. Mère de deux enfants, elle prend fait et cause pour la Commune. À l'instar de certaines de ses collègues comme Clara Fournier, elle revêt des vêtements de marin en guise d'uniforme. On la retrouve place de la Concorde, sur les barricades, manœuvrant les canons, ou encore sous les voûtes du ministère de la Marine. Populaire dans tous les sens du terme, la veuve Machu est condamnée le 16 avril 1872 aux travaux forcés à perpétuité par le 4e Conseil de guerre.

Durant le siège, les équipages de la flotte sont amenés à la hâte à Paris. Les marins, enfermés dans les forts, dorment dans des hamacs. Toujours sur le pied de guerre, ils sont envoyés partout où leur présence est nécessaire. Évacués au moment de l'armistice, certains d'entre eux demeurent à Paris où ils sont traités en héros. Quelques-uns retournent au combat.

Le 30 mars, le 224e bataillon fédéré se saisit du ministère de la Marine. En ayant pris la direction, Émile Lattapy constate qu'il ne dispose que d'une flottille de quatorze canonnières[02] mouillée près du Pont-Neuf, à la presqu'île du Vert-Galant. La flottille réussit néanmoins à mettre en déroute les artilleurs prussiens qui servaient les batteries élevées à Breteuil. La majorité de l'équipage est malgré tout débarquée au moment de l'armistice. Nommé commandant de la flottille fédérée de la Seine, le colonel d'état-major Auguste Durassier tente de réquisitionner les marins, mais, parmi ses cent-vingt hommes, bien peu sont aguerris. La gestion de la flotte reste incertaine; ceux qui s'y succèdent se révèlent presque toujours inefficaces.

01 Ouvrière et marchande de brosses.

02 Navires de guerre légers armés de pièces d'artillerie.

13 AVRIL 1871

23 GERMINAL DE L'AN 79

•

La flottille composée des navires *La Commune*, *L'Estoc*, *La Claymore*, *L'Escopette*, *La Liberté* et *Le Perrier* glisse jusqu'à la porte du Point-du-Jour (XVIe arrondissement) et s'embosse sous les arches du pont-viaduc.

COMMUNE

La Commission à la Justice dirigée par Protot est constituée de l'ancien juge Gambon, des cordonniers Dereure et Durand, de l'ouvrier relieur Clémence et du tourneur sur métaux Langevin.

1839-1921 / 32 ANS

EUGÈNE PROTOT

AVOCAT & DÉLÉGUÉ À COMMISSION DE LA JUSTICE

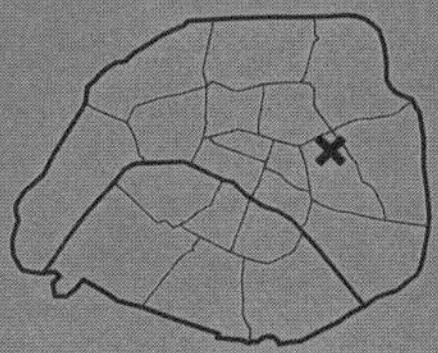

BLESSÉ SUR LA DERNIÈRE BARRICADE QU'IL ÉTAIT SEUL À DÉFENDRE RUE DE LA FONTAINE-AU-ROI (XIᴱ)

ÉLU DU XIᴱ

Eugène Protot est l'un de ces enfants terribles du blanquisme qui désobéirent à Blanqui en se rendant au congrès de Genève de 1866 pour attaquer le modérantisme proudhonien[01]. Son indiscipline fait l'objet d'un procès au Café de la Renaissance, écourté par une descente de police. Le 11 février 1870 la police vient arrêter le militant ouvrier Edmond Mégy pour avoir participé aux barricades de Belleville dressées sur ordre de Gustave Flourens afin de réagir à l'arrestation du journaliste Henri Rochefort. Mégy abat le policier venu l'appréhender. Protot, son avocat, est lui-même arrêté le 1er mai pour l'avoir simplement défendu. Il incarne, durant la Commune, le respect des formes procédurales et des libertés individuelles face aux excès. Protot interdit les arrestations et perquisitions arbitraires, rédige un décret sur les otages afin d'encadrer cette mesure inapplicable.

Il est élu sur un programme de justice gratuite et accessible à tous intégrant l'obligation d'un jury à toutes les juridictions, et l'humanisation du système pénitentiaire. Le contexte ne permet pas l'élection de juges, l'un des points phares de son programme, mais il ouvre la voie d'une chambre des référés et des juges d'instruction. En revanche, la liberté de la défense est octroyée. De même, la suppression de la vénalité des charges des officiers ministériels aboutit à leur fonctionnarisation, décret qu'Auguste Vermorel qualifie de véritablement révolutionnaire. La gratuité de la justice est appliquée aux testaments, à la reconnaissance des enfants naturels, aux mariages, aux adoptions et aux actes notariés et de donations. Les serments politiques et professionnels sont abolis. Il était également envisagé de rétablir le divorce, de simplifier la procédure du mariage, de reconnaître les enfants illégitimes et même d'abolir les droits héréditaires, majorats et titres de noblesse. On ne le lui pardonnera jamais et il ne sera pas réintégré au barreau après l'amnistie.

01 En 1866, l'Internationale tient son premier congrès à Genève. Les blanquistes reprochent aux proudhoniens de ne pas vouloir mener la révolution armée et d'être complaisants avec l'Empire en se limitant à l'action mutuelliste.

14 AVRIL 1871

24 GERMINAL DE L'AN 79

•

Protot fait interdire les perquisitions et arrestations arbitraires. Les communards enterrent Pierre Leroux, le théoricien «*inventeur*» du socialisme.

La Commission de Travail et d'Échange, présidée par Frankel, est composée de l'ouvrier ciseleur Theisz, du teinturier Malon, du cordonnier Serailler, du journaliste Longuet et du verrier fondeur Chalain.

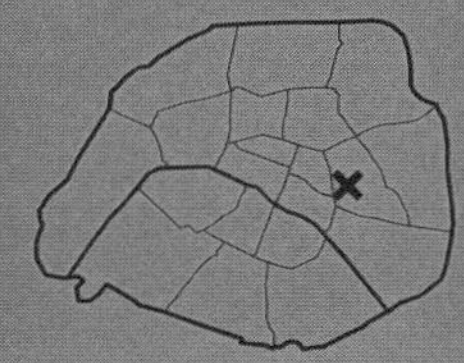

HABITE AU 8, PASSAGE SAINT-SÉBASTIEN (XIe)

ÉLU DU XIIIe

1844-1896 / 27 ANS

LÉO FRANKEL

OUVRIER ORFÈVRE & DÉLÉGUÉ À LA COMMISSION DE TRAVAIL ET D'ÉCHANGE

Léo Frankel est un Juif Hongrois dont on raconte qu'il aurait été initié au socialisme par le social-démocrate allemand Auguste Bebel, rencontré à l'armée. S'il s'agit d'une légende, Frankel a bien été adepte des théories du socialiste Ferdinand Lassalle. C'est en 1867, à Lyon, qu'il adhère à l'Association internationale des travailleurs (AIT) grâce à laquelle il noue des liens avec Marx dont il a lu *Le Capital*. Arrêté à Paris le 8 mai 1870, il est traduit en justice au troisième procès de l'Internationale. À cette occasion, il revendique l'idée d'abolition complète du salariat. Libéré le 5 septembre 1870, il intervient souvent au Club de la Reine-Blanche et fait partie des quarante-trois socialistes révolutionnaires présentés aux élections législatives du 8 février. Il est finalement élu le 26 mars 1871 dans le XIIIe arrondissement.

COMITÉ DE SALUT PUBLIC - SÉANCE DU 12 MAI 1871

« La Révolution du 18 mars a été faite exclusivement par la classe ouvrière. Si nous ne faisons rien pour cette classe, [...] je ne vois pas la raison d'être de la Commune »

Nommé à la Commission du Travail le 29 mars, il en devient le délégué le 20 avril. Les décrets de cette Commission sont frappés du sceau de l'associationnisme ouvrier. Le 16 mai, un décret demande aux chambres syndicales ouvrières de constituer une Commission d'enquête ayant pour objet de dresser les statistiques des ateliers abandonnés et l'inventaire des instruments de travail, afin de les faire remettre promptement en exploitation par l'association coopérative des ouvriers et employés. Le 20 mai, on supprime le travail de nuit pour les ouvriers boulangers. Le 27, on interdit les amendes et retenues patronales sur les salaires. Si Frankel vote pour le Comité de salut public, il signe la déclaration de la minorité contre la dictature de ce Comité. Amoureux éconduit d'Élisabeth Dmitrieff, c'est elle qui le sauve sur les barricades où il est blessé pendant la Semaine sanglante.

16 AVRIL 1871

26 GERMINAL DE L'AN 79

•

La Commune organise des élections complémentaires afin de remplacer les élus morts ou démissionnaires. Un délai de trois ans pour le remboursement des loyers est voté.

Das Kapital
PROLÉTAIRE
DE TOUS LES PAYS
Unissez-vous

Vallès l'irrégulier, Vallès le réfractaire, Vallès l'insurgé est sans nul doute le pilier d'un outil majeur en Révolution : la presse.

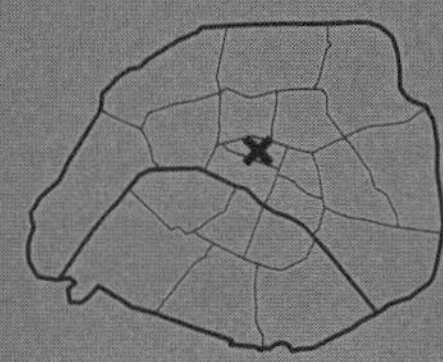

HABITE, IMPRIME ET VEND LE CRI DU PEUPLE AU 9, RUE D'ABOUKIR (IIE)

ÉLU DU XVE

1832-1885 / 39 ANS

JULES VALLÈS

JOURNALISTE RÉVOLUTIONNAIRE & FONDATEUR DU *CRI DU PEUPLE*

Jules Vallès est fortement marqué par une enfance difficile qu'il relate dans *L'Enfant*, premier des trois romans de sa trilogie les *Mémoires d'un révolté*. Fils d'instituteur, élève brillant devenu bachelier, il monte à la capitale en 1850 où il fréquente la Sorbonne. Contre le coup d'État de 1851, il manifeste place de la Bastille et son père le fait interner de force comme les parents en avaient alors arbitrairement le droit. À peine libéré, il retourne au Quartier latin, se passionne pour les idées de Proudhon et commence sa vie de bohème en enchaînant les postes de pion et en écrivant des articles au ton sarcastique. Sa plume remarquée et appréciée lui permet de devenir journaliste. En 1867, il lance le quotidien *La Rue* qui documente la vie pittoresque et populaire mais le journal est rapidement interdit. À l'élection au Corps législatif de 1869, il se revendique avocat des pauvres, candidat du travail et député de la misère mais il est finalement défait face au républicain Jules Simon.

LE CRI DU PEUPLE - 28 MARS 1871.

« Fils des désespérés, tu seras un homme libre ! »

Dans la nuit du 5 au 6 janvier 1871, il conçoit la célèbre *Affiche Rouge* avec Gustave Tridon, Édouard Vaillant et Émile Leverdays. Au petit matin, il trouve ces mots de conclusion : « *Place au peuple ! Place à la Commune !* ». Le 22 janvier, il fonde le quotidien *Le Cri du Peuple* tiré à cent mille exemplaires lequel, avec *Le Père Duchesne*, est le journal le plus lu durant la Commune. La vocation de celui-ci est de parler du peuple au peuple, de redonner une histoire aux déshérités tout en propageant le patriotisme, le fédéralisme et l'idée de république sociale. En abolissant les moyens de contrôle de la presse (le cautionnement et le droit de timbre), la Commune en rétablit la liberté. Une liberté qu'elle réduit cependant à mesure que les Versaillais s'approchent de Paris. Pendant la terreur tricolore, Vallès réussit à se cacher puis à gagner Londres. Après l'amnistie, il fait renaître de ses cendres *Le Cri du Peuple*.

19 AVRIL 1871

29 GERMINAL DE L'AN 79

•

La Commune publie son programme dans son affiche n°170 rédigée par Albert Theisz, Charles Delescluze, Jules Vallès et Pierre Denis. Ce programme proclame la reconnaissance et la consolidation de la république. Contre la centralisation, fruit du militarisme, de l'impérialisme et du cléricalisme, il développe le principe d'autonomie de la Commune étendu à toutes les localités de France.

LE CRI DU PEUPLE
Jules VALLÈS
NON,
LA COMMUNE
N'EST PAS
MORTE
AU PEUP

La Commission des subsistances, présidée par l'employé de commerce Auguste Viard, est composée de l'ouvrier relieur Varlin, du médecin Parisel, du teinturier Clément, du journaliste Arnould et du coutelier Champy.

1846-1902 / 25 ANS

HENRY

OUVRIER COUTELIER & 203E BATAILLON DE LA GARDE NATIONALE

CHAMPY

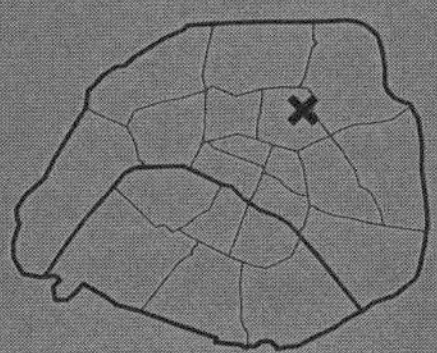

HABITE AU 16, AVENUE CLAUDE-VELLEFAUX (XE)

ÉLU DU XE

La Commune de 1793 avait déjà compris la nécessité de défendre le droit à la subsistance en imposant la *loi du Maximum* des prix des biens de première nécessité. Concernant la question du ravitaillement, les anecdotes durant le siège de 1870 sont nombreuses. On mange du chien, du chat, du rat. Les éléphants (Castor et Pollux) du jardin d'acclimatation sont abattus et on prépare de la terrine d'antilope, du chameau rôti ou du civet de kangourou dans les restaurants chics. Le thème révolutionnaire des accapareurs refait surface et le maire est surnommé *Ferry famine*. Dès 1870, on ouvre des boucheries municipales. Certains prix sont régulés à des tarifs fixés par les pouvoirs municipaux, viande de cheval et morue salée sont ainsi rationnées. Les blanquistes réclament cependant la réquisition de tous les vivres et une meilleure organisation des boucheries devant lesquelles les queues ne cessent de s'allonger. Elles sont fermées le 2 mars 1871.

Henry Champy s'intéresse aux questions de ravitaillement qu'il évoque dans ses discours. Sous la Commune, cet orateur disert, fils de maçon et de sage-femme, est nommé à la Commission des Subsistances qui rétablit les boucheries municipales. Son collègue Parisel milite pour un contrôle sanitaire rigoureux. Des cantines municipales sont créées, comme les Marmites de Varlin. Paris est correctement approvisionné et les prix maîtrisés. La Halle aux blés, les abattoirs et marchés aux bestiaux de la Villette, et les sept grandes criées des Halles fonctionnent de façon pleine et régulière. Les intermédiaires sont supprimés, les prix fixés pour les denrées de première nécessité. La vie commerciale bénéficie du soutien des pouvoirs publics.

22 AVRIL 1871

2 FLORÉAL DE L'AN 79

•

Des ventes publiques de pommes de terre et des boucheries municipales sont mises en place par la Commune afin de soulager le budget alimentaire des familles.

Pendant le siège et la Commune, photographes et inventeurs redoublent d'imagination pour améliorer la vie des Parisiens.

1820-1910 / 51 ANS

FÉLIX TOURNACHON

PHOTOGRAPHE, CARICATURISTE & AÉRONAUTE

« NADAR »

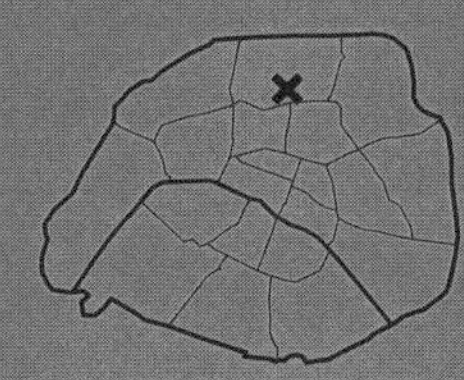

INSTALLE SA COMPAGNIE D'AÉROSTIERS AU PIED DE LA BUTTE MONTMARTRE (XVIIIᴱ)

Félix Tournachon est plus connu sous le nom de Nadar. Caricaturiste, il s'est engagé en faveur de la révolution de 1848 et s'est enrôlé dans la légion polonaise. Passionné par l'aérostation, il réalise les premières photographies aériennes et se passionne pour ce type de navigation. Cette fascination est ruineuse mais elle lui permet, durant le siège, de réunir une compagnie d'aérostiers dont le campement s'est établi au pied de la butte Montmartre. Son utilité est plurielle : espionnage de l'ennemi, cartographie militaire mais aussi transport de courrier. Ses soixante-sept ballons portent les noms de républicains comme George Sand, Louis Blanc et surtout Armand Barbès. Ce dernier facilite le départ du ministre de l'Intérieur Gambetta pour Tours, le 7 octobre 1870, afin d'y organiser la poursuite des combats. Le 30 octobre, *Le Céleste* favorise la diffusion de tracts bilingues incitant les Prussiens à se mutiner.

LETTRE DE NADAR - 9 AVRIL 1871

« Les gens de la Commune représentent le Droit et la Justice. »

Quoique fatigué et malade, il dit appartenir à la Commune et être à la disposition de la République sociale, sans rien exiger en retour. La quinzaine de ballons à nacelle sont l'invention de son ami Thomas Casimir Regnault que Nadar présente comme « *le fou le plus généreux et le plus héroïque qu'il ait connu* ». Outre la projection de tracts, ceux-ci ont également pour vocation de lutter contre la famine, surtout lorsque Thiers lance le blocus du ravitaillement. On rêve alors d'un carrousel aérien emportant cinquante-quatre bœufs. Les photographes ne sont pas si nombreux. Bruno Braquehais, l'un des premiers représentants du photojournalisme, est l'un des rares à prendre sur le vif environ cent-cinquante clichés qui feront de lui le grand photographe de la Commune.

23 AVRIL 1871

3 FLORÉAL DE L'AN 79

•

Adolphe Thiers lance contre Paris un blocus du ravitaillement.

Dans les années 1870 de nombreux chansonniers comme Amédée Buret, Populus ou Paul Burani rendent hommage à l'Internationale. Tombés dans l'oubli, ils sont tous éclipsés par Pottier et son célèbre chant.

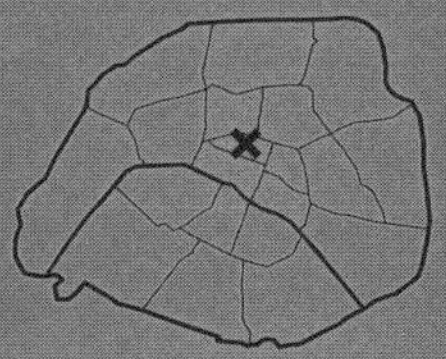

SIÈGE ET SE BAT À LA MAIRIE DU IIᴱ ARRONDISSEMENT
8, RUE DE LA BANQUE (IIᴱ)

ÉLU DU IIᴱ

1816-1887 / 55 ANS

EUGÈNE POTTIER

DESSINATEUR SUR ÉTOFFES, CHANSONNIER & 181ᴱ BATAILLON DE LA GARDE NATIONALE

Le métier de layetier-emballeur (fabriquant de coffre) auquel le prédestine son père ne satisfait pas Eugène Pottier qui se passionne pour la poésie. À quatorze ans, alors qu'éclate la révolution de 1830, il envoie ses premiers vers au célèbre chansonnier Béranger. Pour arriver à ses fins, Pottier mène une vie de bohème à Montmartre, devient pion puis dessinateur sur étoffes. Il participe alors aux goguettes qui sont un moyen puissant de diffusion des idées politiques. Il s'affirme républicain en 1832 et socialiste en 1840. Pottier acquiert une certaine renommée avec ses chansons et une grande aisance financière grâce à ses étoffes. Propriétaire «*après trente ans de prolétariat*», cela ne l'empêche pas de fonder la chambre syndicale de son corps de métier.

L'INSURGÉ (CHANT DÉDIÉ À EUGÈNE PROTOT) - 1880

«Devant toi, misère sauvage
Devant toi pesant esclavage
L'Insurgé
Se dresse, le fusil chargé!»

Sous le Second Empire, les grands travaux du baron Haussmann contribuent à assainir Paris tout en entraînant de façon nocive l'augmentation des loyers et l'exclusion des pauvres dans les logements insalubres de la périphérie. Pottier soutient la «*grève des loyers*» et contribue par ses poèmes à forger les images de *Monsieur Vautour*, propriétaire rapace, et de l'usurier suceur de moelle. Élu le 16 avril 1871 dans le IIᵉ en compagnie des cordonniers Auguste Serrailler et Jacques Louis Durand, et du feuillagiste Jules Johannard, il devient membre de la Commission des Services publics présidée par Jules Andrieu. Défenseur du «*luxe communal*», il se félicite du moratoire sur le paiement des loyers et les réquisitions de logements vacants. Caché dans un grenier parisien pendant la répression de mai 1871, il écrit *L'Internationale*, poème devenu le chant de lutte le plus connu au monde. *Jean Misère*, *L'Insurgé* ou *Elle n'est pas morte* dont il est l'auteur servent à intensifier l'imaginaire communard.

25 AVRIL 1871
5 FLORÉAL DE L'AN 79

•

La Commune réquisitionne des logements vacants pour les victimes des bombardements.

On autorise la sortie des marchandises de transit, à l'exception des denrées alimentaires et des munitions.

L'INTERNATIONALE

Jean Allemane a participé à la Commune mais a surtout joué un rôle après celle-ci en fondant son propre parti qu'on nomme parfois le parti allemaniste.

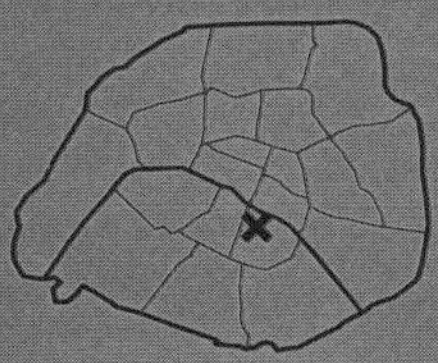

SONNE LE TOCSIN (CLOCHE CIVILE D'ALERTE) DE L'ÉGLISE SAINT-NICOLAS-DU-CHARDONNET (Ve)

1843-1935 / 28 ANS

JEAN

OUVRIER TYPOGRAPHE & CAPORAL DU 59E BATAILLON DE LA GARDE NATIONALE, DÉLÉGUÉ ADJOINT À LA MAIRIE DU VE

ALLEMANE

Arrivé des Pyrénées à l'âge de dix ans à Paris, Jean Allemane devient typographe et s'engage très jeune dans le mouvement ouvrier. À dix-neuf ans, déjà syndiqué, il est emprisonné pour fait de grève. Le 18 mars 1871, lorsque l'armée veut récupérer le canon du 59e bataillon situé place des Vosges, Allemane s'y oppose fermement et déclare: « *Ce canon appartient au peuple, et je le reprends.* » Ce jour-là il sonne le tocsin à l'église Saint-Nicolas-du-Chardonnet. Il propose de jouer le rôle de cheval de Troie de la Commune en s'inscrivant sur les listes des typographes devant partir pour Versailles mais son plan n'est pas suivi. Anticlérical, il assiste à la cérémonie du remplacement de la croix du Panthéon par le drapeau rouge. Il se désole de l'irrésolution et du verbalisme trop prononcé de la révolution communaliste mais croit profondément en ses bienfaits.

Jean Allemane fait la chasse aux mouchards de Versailles et surveille de près le maire du Ve, Dominique Régère, modéré dans l'application du décret de laïcisation des écoles. Il veille également dans son arrondissement à la création de cantines scolaires, de maisons de secours, de retraites et d'orphelinats. Actif aux barricades du Panthéon pendant la Semaine sanglante, sur les marches duquel son collègue Jean-Baptiste Millière est fusillé en criant « *Vive l'Humanité!* », il est arrêté et déporté en Nouvelle-Calédonie sous le matricule 4486. Il décrit les souffrances du bagne dans son livre *Mémoires d'un communard*. Après l'amnistie, il se rapproche de Paul Brousse et combat les dérives boulangistes. En 1890, il fonde le Parti Ouvrier Socialiste Révolutionnaire qui appelle au principe de grève générale. Il défend Alfred Dreyfus, participe à la fondation de la CGT et adhère à l'unité socialiste au sein de la SFIO.

27 AVRIL 1871

7 FLORÉAL DE L'AN 79

•

Les fondeurs en fer, en suif et stéariniers se réunissent pour former une association coopérative et une chambre syndicale. Les ouvriers bouchers veulent organiser une chambre syndicale afin de supprimer l'exploitation patronale.

1
1
8

Eugène Varlin est l'une des figures christiques de la Commune. Connu pour sa mesure, il est un militant infatigable dont la fin, à l'image de la Commune, est particulièrement tragique.

1839-1871 / 32 ANS

EUGÈNE VARLIN

OUVRIER RELIEUR
& COMMANDANT DU 193E BATAILLON
DE LA GARDE NATIONALE

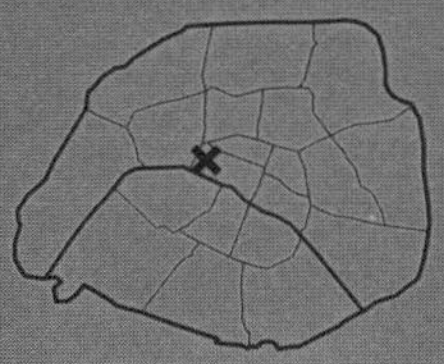

PARTICIPE À LA PRISE DE LA PLACE VENDÔME (Ier)

ÉLU DU VIe

Issu d'une famille de paysans pauvres, Eugène Varlin est *monté à Paris* pour devenir ouvrier relieur. Il prend part au mouvement des sociétés de secours mutuel [01]. Fouriériste, membre de l'Internationale, il voit dans la spécialisation et la division du travail une perte d'indépendance de l'ouvrier et un amoindrissement de la valeur de son ouvrage. Il milite également pour le droit au travail des femmes. Afin que l'industrie pourvoie à l'augmentation du bien-être de tous, il milite et organise des grèves en faveur de l'enseignement professionnel, de la réduction du temps de travail et de l'augmentation des salaires. Sous l'impulsion de Henri Tolain, Charles-Mathieu Limousin et Joseph Perrachon, *La Tribune ouvrière*, journal financé par souscription à la Banque du Crédit au Travail, est créé en 1865. Varlin y combat l'individualisme et adhère à un collectivisme fondé sur la décision ouvrière plutôt que sur l'action de l'État. Cet engagement aboutit à la fondation en 1869 de la Fédération parisienne des sociétés ouvrières.

EUGÈNE VARLIN AU PROCÈS DE L'AIT - MAI 1869

« Tant qu'un homme pourra mourir de faim à la porte d'un palais où tout regorge, il n'y aura rien de stable dans les institutions humaines »

Son combat pour apporter un peu de confort aux ouvriers, Varlin le concrétise en ouvrant des coopératives. La Marmite, cantine populaire à destination des nécessiteux, naît en 1868, et refait surface en 1871 grâce aux efforts de Nathalie Lemel. Sous la Commune, Varlin siège aux Finances. Ses collègues François Jourde et Charles Beslay restent légalistes par rapport à la Banque de France. Sur les 42 millions de francs utilisés par la Commune, une quinzaine sont empruntés à la Banque de France qui en prête dans le même temps 257 à Versailles. En revanche, les objets de première nécessité gagés par le peuple au Mont-de-piété [02] sont restitués. Reconnu par un prêtre le 28 mai rue Lafayette, Varlin, qui avait cependant tout fait pour sauver les prêtres otages, subit un véritable calvaire. Lynché, éborgné, il est fusillé sur le Mont des Martyrs.

01 Sociétés d'entraide visant à limiter les risques de la vie (maladie, accident, infirmité).

02 Organisme de prêt sur gage créé par l'Église afin de faciliter les prêts d'argent aux pauvres.

28 AVRIL 1871

8 FLORÉAL DE L'AN 79

•

La Commune vote la fin des amendes patronales sur les salaires ouvriers. On crée la Commission chargée d'organiser l'enseignement primaire laïc, et le IIIe arrondissement instaure la gratuité des fournitures scolaires.

Créée au XVIe siècle, la franc-maçonnerie est une société organisée en loges qui regroupe des personnes de différentes classes sociales. De nombreux communards appartiennent à la franc-maçonnerie.

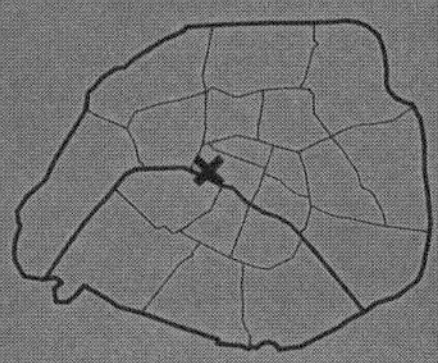

REÇOIT LA DÉLÉGATION DES FRANCS-MAÇONS DANS LA COUR DES TUILERIES (IER)

1826-1901 / 45 ANS

GUSTAVE

INSTITUTEUR & MEMBRE DU COMITÉ DE VIGILANCE DU IVE ARRONDISSEMENT

LEFRANÇAIS

ÉLU DU IVE

Gustave Lefrançais est éduqué dans la haine du bonapartisme et initié très jeune aux idéaux révolutionnaires. Bien que brillant élève de l'École normale d'instituteurs de Versailles, ses opinions en font un maître d'école un temps «*excommunié*» de l'enseignement. Il accueille avec enthousiasme la révolution de 1848 et est à l'origine, avec Jeanne Derouin et Pauline Roland, du premier syndicat d'enseignant, l'Association fraternelle des instituteurs, institutrices et professeurs socialistes. Mais la République conservatrice puis le Second Empire l'excluent à nouveau de l'enseignement et le poussent à se réfugier à Londres. Son teint jaune, son air pensif et résigné cachent un orateur socialiste redoutable, sobre et bilieux.

GUSTAVE LEFRANÇAIS, SOUVENIRS D'UN RÉVOLUTIONNAIRE

«Le soleil s'est fait communard.»

> *«C'est la bile du peuple, de l'immense foule au front terreux, qu'il a dans le sang et qui jaunit ses phrases pleines, et qui donne à ses improvisations le ton des médailles en vieil or»*, dit de lui son collègue Lucien Descaves.

Athée, matérialiste, partisan de l'union libre, comme beaucoup d'autres communards, Lefrançais est initié à la franc-maçonnerie à la loge 133 du rite écossais. Sous la Commune, la franc-maçonnerie intervient de façon tardive. Ébranlées par la mort de Gustave Flourens, plusieurs loges publient un manifeste le 8 avril où elles déclarent maudire toutes les guerres et réclament la paix. Adolphe Thiers reçoit une délégation les 11 et 12 avril et leur oppose l'impossibilité d'une conciliation. Le 26 avril, six cents de ses membres se réunissent au Théâtre du Châtelet et appellent au cessez-le-feu. Le 29 avril, ils sont environ six mille à dresser sur les fortifications leurs bannières mais celles-ci sont culbutées par les balles versaillaises. Ceint de l'écharpe rouge, Lefrançais, membre de la délégation représentant la Commune, prend tous les risques en montant sur la barricade.

29 AVRIL 1871

9 FLORÉAL DE L'AN 79

•

6000 francs-maçons défilent pour afficher leur soutien à la Commune de Paris.

LIBERTÉ EGALITÉ FRATERNITÉ
L.·. ⊡ ECOSSAISE
133
LA JUSTICE

Pendant le siège et la Commune, les Clubs permettent de faire émerger des orateurs mais surtout des oratrices.

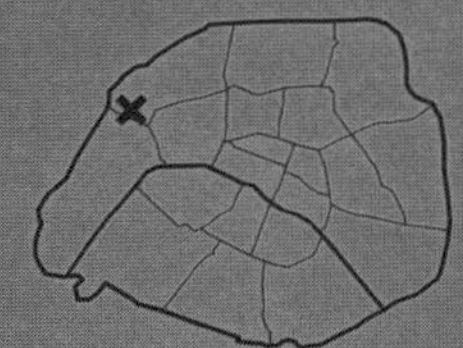

1830-1879 / 41 ANS

SOPHIE POIRIER

COUTURIÈRE & PRÉSIDENTE DU COMITÉ DE VIGILANCE DE MONTMARTRE

FONDE LE CLUB DE LA BOULE NOIRE AU 32, RUE DES ACACIAS (XVIIE)

Comme Louise Michel, Sophie Doctrinal est originaire de Haute-Marne. Arrivée à Paris en 1868, elle épouse un artisan couvreur du nom de Poirier qui décède en 1870. Pendant le siège, cette couturière ouvre un atelier national de couture employant de soixante-dix à quatre-vingts ouvrières. Ces dernières ne touchaient aucun salaire et s'investissaient ainsi au service de la défense nationale. Le 10 mars 1871, l'atelier est reconverti en ambulance (hôpital militaire temporaire), mais Sophie Poirier poursuit son activité militante. Elle avait déjà signé le manifeste féministe d'André Léo, *Revendication des droits de la femme*. Le 4 septembre 1870, sous l'impulsion du maire de Montmartre Georges Clemenceau, le Comité de vigilance du XVIIIe arrondissement est fondé rue de Clignancourt. Sophie Poirier en prend la présidence. Ce comité joue un rôle moteur dans la défense des canons le 18 mars. On y retrouve Paule Minck, Anna Jaclard, Jules Bergeret, Théophile Ferré et Louise Michel. C'est Madame Barrois, l'une de ses membres assesseurs, qui dépose la motion réclamant l'échange du révolutionnaire Blanqui (prisonnier des Versaillais) contre l'archevêque de Paris Monseigneur Darboy.

LA RÉPUBLIQUE DES TRAVAILLEURS - 8 JANVIER 1871

« Il est temps d'appeler à la démocratie la femme, dont on a fait l'adversaire par une exclusion insensée. »

Sophie Poirier fonde avec Béatrix Excoffon dite la « *Républicaine* » le Club, exclusivement féminin, de la Boule Noire qui siège au 32, rue des Acacias dans le XVIIe arrondissement. Les Clubs adoptent souvent les noms des lieux où ils tiennent réunion (Folies-Bergère, Pré-aux-Clercs, Reine Blanche). D'autres se veulent ouvertement explicites comme en témoigne celui de *La Patrie en danger* fondé par Blanqui à Belleville. Ils jouent un rôle décisif dans la mesure où ils participent à l'élaboration de programmes politiques et font remonter les problèmes de la vie quotidienne. Les femmes qui sont interdites de vote, et ne peuvent donc être élues, y trouvent le droit à la parole et des tribunes pour leurs idées.

30 AVRIL 1871

10 FLORÉAL DE L'AN 79

•

On offre aux boulangers le sel nécessaire à leur fabrication « *dans un but humanitaire* ».
On décide l'achat en gros de denrées pour les vendre à la consommation à prix coûtant par l'entremise d'établissements placés sous la garantie des municipalités.

SOPHIE POIRIER

Louis Rossel est le seul officier supérieur militaire de la Commune. Son patriotisme inspirera le général de Gaulle.

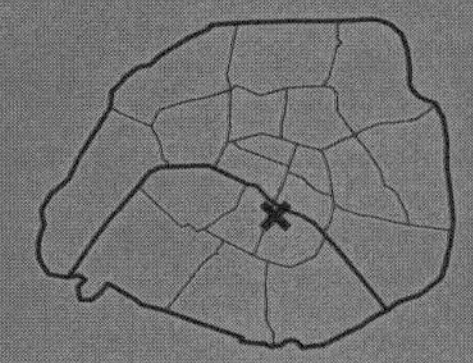

SE RÉFUGIE À L'HOTEL MONTEBELLO, 54, BOULEVARD SAINT-GERMAIN (V^e^)

1844-1871 / 27 ANS

LOUIS ROSSEL

COLONEL DE L'ARMÉE FRANÇAISE & DÉLÉGUÉ À LA COMMISSION DE LA GUERRE

Louis Rossel est fils d'un colonel, officier de la Légion d'honneur. Issu d'une famille bourgeoise protestante et républicaine nîmoise, ses études au collège du Prytanée national militaire de La Flèche le mènent à Polytechnique. Cette école parisienne, née sous la Révolution, a une forte tradition libérale que Rossel cultive conjointement à son attrait pour Napoléon. Il développe une fibre sociale en se rapprochant de la Ligue de l'Enseignement fondée en 1866 par Jean Macé, et délivre des cours aux enfants du peuple. C'est en tant que capitaine du génie qu'il combat à Metz, en 1870. Il assiste, désespéré, à la trahison du général Bazaine qui capitule. Rossel s'enfuit à Tours pour en référer à Gambetta. Cette entrevue n'ayant produit aucun effet, il se range du côté de ceux qui refusent la paix et décline la Légion d'honneur.

LOUIS ROSSEL - 5 MAI 1871

« En haine de ceux qui ont livré ma patrie, en haine du vieil ordre social, je suis venu me ranger sous le drapeau des ouvriers de Paris. »

Le 19 mars 1871, alors qu'il rejoint Paris insurgé, Rossel est nommé chef de la 17e légion de la Commune. C'est le contraire d'un courtisan. Éloquent, il est froid et direct, les bavardages et divisions de la Commune l'irritent. Il cherche à restaurer une discipline militaire qui se heurte à une organisation approximative des troupes comme en témoigne, le 1er avril, l'échec de la sortie pour reprendre le rond-point de Courbevoie. Doté de remarquables qualités militaires, le puritain Rossel s'impose devant l'aventurier général Cluseret et devient chef d'état-major au ministère de la Guerre. Le courant passe mal avec cet ancien des guerres garibaldiennes, irlandaises et américaines. Le 30 avril, Rossel lui succède comme délégué à la Guerre. Une partie de la presse le soutient mais le 9 mai, ne supportant plus l'indiscipline et le désordre, il démissionne avec fracas. Arrêté par la Commune, des amis le libèrent. Cette fois, les Versaillais l'arrêtent et Thiers lui propose l'exil. Impassible, il préfère la mort et est fusillé le 28 novembre 1871.

1ER MAI 1871

11 FLORÉAL DE L'AN 79

•

Le Comité de salut public tient sa première séance; Rossel remplace Cluseret en tant que délégué à la Guerre.

Figure du féminisme et de l'anarchisme, André Léo reçoit le surnom de Junon de la Commune.

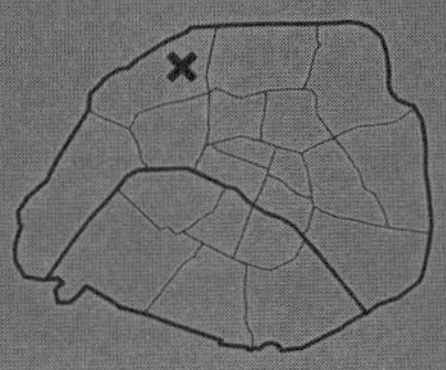

AURAIT COMBATTU À LA BARRICADE DES BATIGNOLLES (XVIIe)

1824-1900 / 47 ANS

ANDRÉ LÉO

ÉCRIVAINE, JOURNALISTE À *LA SOCIALE* & PRÉSIDENTE DE LA COMMISSION D'ENSEIGNEMENT DES JEUNES FILLES

Née dans une famille rurale et bourgeoise, Victoire Léodile Béra est la petite-fille d'un des fondateurs, sous la Révolution, de la Société des amis de la Constitution, mieux connue sous le nom de Club des Jacobins. Son mari, Grégoire Champseix, est rédacteur à *La Revue sociale* et disciple de Pierre Leroux, l'inventeur de la doctrine socialiste. Exilé en Suisse depuis le coup d'État de 1851, le couple a des jumeaux, André et Léo. De ces prénoms naît le pseudonyme de l'écrivaine qui publie en feuilleton dans *Le Siècle, Un divorce*, son premier roman. Dans les années 1860, revenue à Paris, elle se lie au militantisme républicain mais aussi à la première vague féministe avec Paule Minck, Louise Michel, Maria Deraisme et Eliska Vincent. Dans la revue *La Coopération*, elle plaide pour la création d'associations ouvrières, puis elle adhère à l'AIT et fonde l'Association pour l'amélioration de l'enseignement des femmes. Partisane de l'amour libre, elle le pratique avec le socialiste Benoît Malon.

LE RAPPEL - 13 AVRIL 1871

«Au temps où nous sommes, c'est l'idée plus que la force du bras qui gagne les batailles!»

Le 18 septembre 1870, André Léo est arrêtée dans une manifestation en compagnie de Louise Michel avec laquelle elle siège au Comité de vigilance de Montmartre. Sa plume est au service de la patrie et du socialisme dans les journaux qu'elle crée: *La République des travailleurs* et *La Sociale*. Dans ce dernier, elle publie un appel diffusé par ballon aux travailleurs des campagnes les invitant à la solidarité avec les idéaux communalistes. Avant la guerre, elle désirait ouvrir avec Marie La Cécilia une école primaire laïque de jeunes filles. Elle participe alors à la Commission instituée par Édouard Vaillant pour organiser et surveiller l'enseignement dans les écoles de filles.

Après la Semaine sanglante, elle parvient à s'enfuir en Suisse où elle prononce son célèbre discours au Congrès de la paix de 1871: *La Guerre Sociale*.

2 MAI 1871

12 FLORÉAL DE L'AN 79

•

La Commune vote l'abolition du serment politique et professionnel pour les fonctionnaires.

Paris, ville fortifiée, résiste pendant le siège grâce à ses deux mille six cents canons dont la «Joséphine» (10 km de portée). Sous la Commune, les canons gardent leur utilité contre les Versaillais.

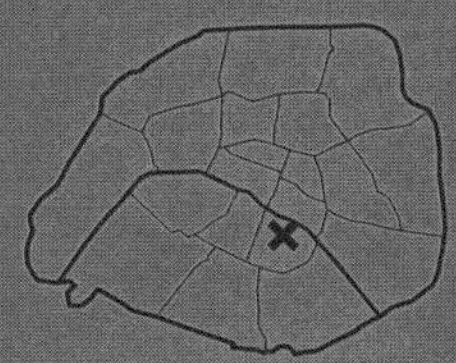

1820-1896 / 51 ANS

LOUIS-AUGUSTE

PROFESSEUR DE RHÉTORIQUE & ARTILLEUR

ROGEARD

ENSEIGNE ET SE RÉFUGIE À L'INSTITUT DELACOUR 52, RUE DU CARDINAL LEMOINE (V^{e})

ÉLU DU VIe

Si Louis-Auguste Rogeard est enseignant privé de rhétorique c'est pour ne pas prêter serment à l'Empire. Son art oratoire, il le met au service d'une virulente critique de Napoléon III. Dans *Pauvre France*, il s'en prend au césarisme de l'Empereur qu'il traite d'«*empoisonneur de peuple*». Il détaille les sept colonnes maudites contre lesquelles la Commune doit combattre: la magistrature inamovible et sa censure, l'administration centralisée et budgétivore, l'armée permanente et son impérialisme, le clergé salarié et sa propagande, la police politique et sa répression, la prostitution et le paupérisme organisé. Il qualifie sa poétique de balistique, où chaque rime est une détonation et chaque hémistiche un cri de détresse. Ses pamphlets sont populaires chez les jeunes lions du Quartier latin. Le plus célèbre, *Les Propos de Labienus*, est un ouvrage dans lequel il se réfugie derrière l'histoire romaine pour critiquer, à travers Auguste, le despotisme impérial et faire l'apologie de la République. L'Antiquité l'aide à trouver des sources matérialistes et démocratiques pour alimenter son journal *La Rive Gauche*. Ces offenses le contraignent à quitter la France pour ne revenir qu'après le 4 septembre.

Pendant le siège, Rogeard est artilleur, mais il poursuit ses activités journalistiques en écrivant pour *Le Vengeur* de Félix Pyat. Il y prêche la souveraineté populaire, la possibilité permanente pour le peuple de révoquer ses élus, et l'application du principe électif à l'ensemble des pouvoirs publics. En cohérence avec ses postulats, il refuse de siéger à la Commune, son élection dans le VIe arrondissement ayant recueilli un nombre de voix qu'il juge insuffisant.

3 MAI 1871

13 FLORÉAL DE L'AN 79

•

Les Versaillais prennent d'assaut le Moulin de Saquet à Vitry-sur-Seine, entraînant la mort de cent cinquante personnes.

Sous la Commune, les infirmières et ambulancières obtenaient leur brevet afin de pouvoir accompagner leur époux au front.

1842-1903 / 27 ANS

ALIX PAYEN

INFIRMIÈRE & BRANCARDIÈRE AU 153e BATAILLON DE LA GARDE NATIONALE

SOIGNE LES BLESSÉS AU FORT DE VANVES (92)

Alix Payen, née Milliet, est issue d'une famille bourgeoise républicaine acquise aux idées du socialisme utopique de Charles Fourier. Son père, officier de cavalerie, franc-maçon, est élu capitaine de la Garde nationale du Mans pendant la Révolution de 1848 et écrit des chansons politiques. Après le coup d'État de 1851, les Milliet s'exilent en Suisse puis dans le royaume de Sardaigne et pensent même suivre le projet de phalanstère [01] La Réunion, fondé au Texas en 1855 par le fouriériste Victor Considerant. Alix Payen bénéficie d'une instruction institutionnelle religieuse et d'une éducation parentale socialiste. Si elle part vivre à Paris après son mariage avec Henri Payen, elle garde un contact épistolaire avec sa famille. Elle se rapproche alors de la communauté fouriériste La Colonie, dont le phalanstère est situé en forêt de Rambouillet. Elle y laisse son mari lorsqu'éclate la guerre de 1870 pour revenir à Paris. Elle y fabrique des passe-montagnes pour les troupes.

LETTRE D'ALIX PAYEN

« C'est la nuit surtout que le combat devient furieux »

Lorsque la Commune est instaurée à Paris, les Milliet et les Payen prennent fait et cause en sa faveur. Son frère intègre le 1er bataillon du génie, son mari est sergent au 153e bataillon de la Xe légion. Alix Payen obtient son brevet d'ambulancière afin d'être affectée le 16 avril 1871 au même bataillon que celui de son mari. Sa correspondance permet de mesurer son indignation face aux bourgeois «*francs-fileurs*» qui abandonnent la capitale. Elle éclaire également sur la dureté des conditions de l'armée et des combats d'Issy, de Clamart, de Levallois et de Neuilly. Son mari ayant été blessé, elle s'occupe exclusivement de lui jusqu'à sa mort, le 29 mai, des suites de ses blessures. Après la Commune, elle travaille pour Nadar et retourne à La Colonie.

01 Le phalanstère est une communauté utopique organisée sur la base des idées de Charles Fourier (1772-1837).

4 MAI 1871

14 FLORÉAL DE L'AN 79

•

La Commune vote l'interdiction de tout cumul de traitements pour les fonctionnaires communaux.

La Commune vote le décret d'application sur l'interdiction du travail de nuit des boulangers voté le 20 avril.

Il existe quelques rares témoignages relatant la présence de tirailleurs algériens ou de spahis pendant la Commune de Paris.

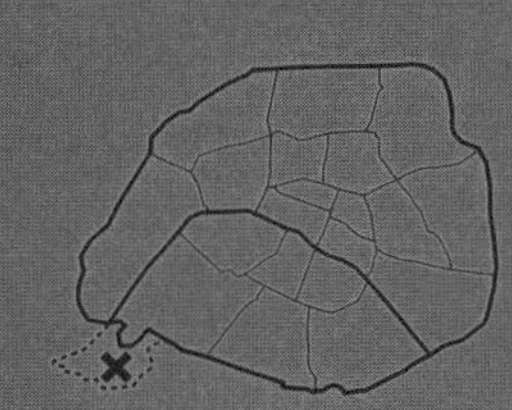

SE BAT AU FORT D'ISSY (92)

(?)-1871

MOHAMED BEN ALI

TIRAILLEUR ALGÉRIEN & ORDONNANCE DE MAXIME LISBONNE

Parce que les armées russes les prennent pour des Turcs à cause de leurs uniformes, les tirailleurs algériens sont surnommés « *turcos* » depuis la bataille de Sébastopol. Ils participent à la guerre franco-prussienne où se forge autour d'eux un imaginaire populaire, notamment lorsqu'ils traversent la France sur les toits des trains. Les neuf mille turcos prennent part aux combats de Froeschwiller-Woerth, de Wissembourg et de Paris. La plupart sont rapatriés dès le 15 mars mais une poignée, parmi lesquels Mohamed Ben Ali, semblent avoir rejoint la Commune. La présence de Ben Ali est relatée dans *L'Insurgé* de Vallès ainsi que dans les *Mémoires* de Louise Michel. Originaire du sud de l'Algérie, il devient, le 21 mars 1871, l'ordonnance de Maxime Lisbonne. À ce titre, il participe au front d'Issy jusqu'à sa chute en mai.

MAXIME LISBONNE

« Le Républicain dévoué, convaincu, ne doit voir dans le sacrifice de sa vie qu'un devoir qu'il accomplit, et non pas une voie ouverte à son ambition. »

Le turco a droit à sa représentation héroïque dans *Le Turco Ben-Kaddour au Combat de Lorcy*, une œuvre de 1870 signée par le peintre Jules Monge. On le voit armer un fusil malgré son bras gauche en écharpe. Il fait également l'objet de caricatures aux accents coloniaux et racistes. Ce que l'on peut observer dans *Le Turco de la Commune*, l'un des *Contes du lundi* d'Alphonse Daudet où Kadour, un timbalier des tirailleurs indigènes issu de la tribu du Djenbel, se laisse entraîner dans le mouvement de la Commune.

La tenue réglementaire de Ben Ali lui permet de passer avec Lisbonne devant les Versaillais sans être inquiété au cours de la Semaine sanglante. Cette inspection des lignes ennemies aboutit à la construction de la barricade de la porte Montrouge. Rue Vaugirard, ils apprennent qu'un parlementaire versaillais demande à discuter avec Lisbonne à la barricade de la rue Lecourbe. Ben Ali et un officier de l'état-major partent alors en reconnaissance. Ils n'en sont jamais revenus.

5 MAI 1871

15 FLORÉAL DE L'AN 79

•

La Commune vote un décret sur le contrôle des marchés à l'intendance militaire, la destruction de la chapelle expiatoire ainsi que l'interdiction de sept journaux anti-communards. En Algérie, Cheikh El Mokrani, le chef de l'insurrection kabyle lancée le 16 mars, meurt au combat.

La Commission des Relations extérieures présidée par Grousset comprend le clerc d'avoué Meillet, le commis-voyageur Gérardin, le chapelier Amouroux, le feuillagiste Johannard et le journaliste Vallès.

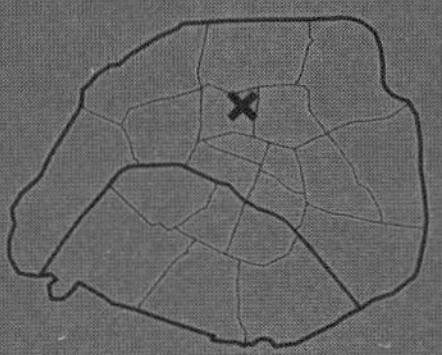

EST ARRÊTÉ AU
39, RUE CONDORCET (IXᴱ)

1844-1909 / 27 ANS

PASCHAL

SCIENTIFIQUE, JOURNALISTE
& DÉLÉGUÉ À LA COMMISSION
DES RELATIONS EXTÉRIEURES

GROUSSET

ÉLU DU XVIIIᴱ

Issu d'une famille républicaine corse, Paschal Grousset fait ses études à Paris. Il donne alors des conférences publiques gratuites sur la physique et écrit des articles de presse pour vulgariser les connaissances scientifiques. Il fréquente aussi le Café de Madrid où se retrouve l'opposition de gauche, écrit des pamphlets et se lie à Henri Rochefort, le grand polémiste de *La Lanterne*. Très actif au journal *La Marseillaise*, il entre en conflit avec le prince Pierre Bonaparte. Grousset envoie alors ses témoins pour le provoquer en duel, mais l'un d'entre eux, le journaliste Victor Noir, est assassiné de six coups de feu par le prince. Le 12 janvier 1870, suite à ce *drame d'Auteuil*, les funérailles de Victor Noir rassemblent 100 000 personnes. Le climat est insurrectionnel, Grousset est arrêté.

L'AFFRANCHI, N°3 - 4 AVRIL 1871

« Que Paris se dise : Ma victoire ne me délivre pas seul, elle délivre la France et le Monde »

Pendant le siège, Rochefort est nommé ministre et Grousset fonde les journaux *La Bouche de fer*, *L'Affranchi* et *La Nouvelle République*. Élu du XVIIIᵉ il devient délégué aux Affaires extérieures sous la Commune. Élégant, courtois il n'en est pas moins ferme et envoie, comme Lamartine en 1848, un manifeste aux puissances européennes pour affirmer l'universalité des idéaux de la Commune. Il combat pour l'égalité civile homme/femme et l'abolition de la différence entre mariage légal et concubinat. Arrêté le 3 juin 1871 chez sa compagne, il est condamné à la déportation en Nouvelle-Calédonie. En 1874, son évasion spectaculaire à la nage puis en bateau est immortalisée par le peintre Manet. Grousset écrit une quinzaine de romans, certains remaniés par Jules Verne. Promoteur de l'éducation sportive, il s'oppose à Coubertin sur l'esprit des Jeux Olympiques qu'il contribue par ailleurs à ressusciter. Député socialiste de la Seine de 1893 à 1909, il milite pour les retraites ouvrières, la culture pour tous, la réforme de l'armée, de l'école et de l'impôt.

6 MAI 1871

16 FLORÉAL DE L'AN 79

•

Le décret sur le dégagement gratuit des objets prêtés sur gage au Mont-de-piété est voté.
La Commune vérifie le débit de la viande au marché libre de la boucherie des Halles et dans les quatre boucheries de Montmartre.

LA MA
LA NOUVE
L'AF
CHI

Le délégué à la Guerre Delescluze est mort le 25 mai 1871 sur la barricade du Château-d'Eau pour ne pas être « le jouet de la réaction victorieuse ».

1809-1871 / 61 ANS

CHARLES

PUBLICISTE & MEMBRE DU COMITÉ DE SALUT PUBLIC ET DÉLÉGUÉ À LA COMMISSION DE LA GUERRE

DELESCLUZE

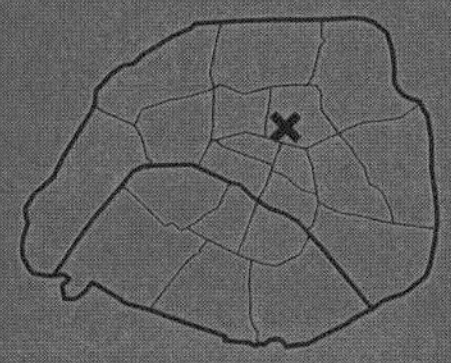

DÉFEND LA BARRICADE DU CHÂTEAU D'EAU (Xᴱ)

ÉLU DU XIᴱ

« *L'homme des derniers moments* » était aussi l'homme de toutes les luttes. 1830 contre les Bourbons, 1832 aux funérailles du général républicain Lamarque, 1834 pour la liberté de la presse, 1848 pour la République universelle démocratique et sociale. Son programme articule la réforme politique à la réforme sociale : droit au travail, impôt direct et progressif, grandes nationalisations et constitution républicaine, mais celui-ci échoue du fait de la « *fatale modération* ». Proscrit, il connaît alors les bagnes du Second Empire, ceux de Toulon, de Brest et de Cayenne.

Dès le début du siège, Delescluze défend la patrie en danger, son honneur et sa liberté. À la « *haute trahison* » et au « *sacrilège* » de la capitulation, son journal *Le Réveil* oppose les vertus de la spontanéité populaire et sonne la charge contre les « *féodaux conjurés* » et les ennemis de l'égalité sociale. « *Vieille barde quarante-huitarde* », jacobin partisan de la centralisation, il définit néanmoins la République comme une « *association volontaire de toutes les initiatives locales* ». Son intégrité notoire en fait la figure de proue du Comité de salut public. Ses mots sont placardés le 21 mai 1871 :

> « *Assez de militarisme, plus d'états-majors galonnés et dorés sur toutes les coutures ! Place au Peuple, aux combattants, aux bras nus ! L'heure de la guerre révolutionnaire a sonné.* »

Le satiriste anti-communard Maxime Du Camp l'accuse d'avoir incendié Paris et le qualifie d'Érostrate moderne[01]. À l'heure de la « *délivrance* », Delescluze réalise la prophétie faite à Prosper-Olivier Lissagaray : mourir aux barricades quand Jules Simon serait ministre. Il écrit alors à un ami : « *Je n'attends plus de jugement que de la postérité et de l'Histoire.* »

01 Érostrate est l'incendiaire du temple d'Artémis à Éphèse.

9 MAI 1871

19 FLORÉAL DE L'AN 79

•

Alors que les Versaillais prennent le fort d'Issy, Charles Delescluze entre au Comité de salut public dont il avait dénoncé l'inefficacité. Avec Émile Eudes et Charles Ferdinand Gambon, il remplace Charles Gérardin, Léo Meillet et Félix Pyat. Deux jours plus tard, il supplante Rossel en tant que délégué à la Guerre.

1830
1848

Les barricades sont un élément défensif incontournable qui apparaît dans toutes les insurrections. On les retrouve notamment en 1588, 1648, 1830, 1848 et sous la Commune.

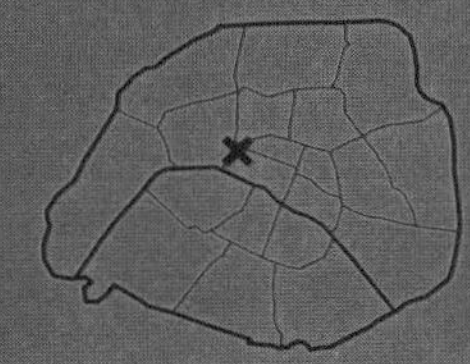

ÉLÈVE ENTRE LA RUE DE RIVOLI ET LA RUE SAINT-FLORENTIN LA GRANDE BARRICADE NOMMÉE CHATEAU-GAILLARD (Ie-VIIIe)

1815-1900 / 56 ANS

NAPOLÉON
CORDONNIER & DIRECTEUR GÉNÉRAL DES BARRICADES
GAILLARD

Napoléon Gaillard se définit comme un *artiste chaussurier*. Déjà actif en 1848, ce Nîmois à l'accent méridional se fait connaître à Paris en 1868 en devenant un orateur populaire des réunions publiques de la fin de l'Empire, comme en atteste son journal *L'Orateur des clubs*. Le «père Gaillard» est un fervent partisan des conceptions communistes égalitaires du révolutionnaire français et tribun du peuple Gracchus Babeuf (1760-1797). Athée, il défend la libre-pensée et fustige les institutions bourgeoises du mariage et de la propriété. Proche du vieux révolutionnaire Armand Barbès, il lui donne sa faveur à l'élection de 1869.

COMMISSION DES BARRICADES - SÉANCE DU 12 AVRIL 1871

«Les barricades doivent être étudiées méthodiquement et exécutées révolutionnairement.»

Louis Rossel le missionne aux barricades de quatre arrondissements avant de le nommer, le 30 avril, directeur général des barricades, commandant le bataillon spécial des barricadiers. Fier de son uniforme, il prend sa fonction très au sérieux. Le 19 mai, l'élu du XVIIe Louis-Denis Chalain, révulsé qu'on ne se contente pas de fumier et de sable, dénonce les deux millions de francs dépensés pour bâtir des retranchements. Plus de cinq cents barricades composées de pavés, de poutres, de grilles d'arbres et d'autres matériaux urbains se répartissent en deux catégories. Les unes sont conçues pour occuper les rues étroites, les autres traversent les grandes artères. Ce qu'elles ont en commun est un fossé de deux mètres de profondeur à l'avant et de cinquante à quatre-vingt centimètres à l'arrière. C'est la première fois qu'on inscrit cet objet politique utile, symbolique et poétique dans la stratégie générale de défense d'une ville. Les étudiants de Mai 68 s'en souviendront. Quant à Napoléon Gaillard, après son exil genevois, le «*révolutionnaire incorrigible*» demeure fidèle à l'art de la chaussure, au communisme égalitaire et aux barricades jusqu'à son dernier souffle.

10 MAI 1871

20 FLORÉAL DE L'AN 79

•

La signature du traité de Francfort par les Versaillais entérine l'annexion prussienne de l'Alsace-Moselle.

Arthur Rimbaud est l'un des rares écrivains, avec Paul Verlaine, Victor Hugo et Jules Vallès, à exprimer ses sympathies envers les idées de la Commune.

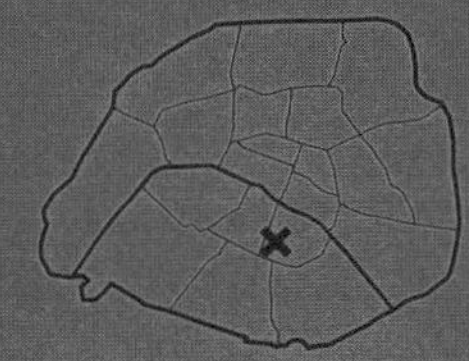

SQUATTE CHEZ ANDRÉ GILL AU 89, RUE D'ENFER ACTUELLE RUE HENRI-BARBUSSE (V^{e})

1854-1891 / 17 ANS

ARTHUR RIMBAUD

POÈTE & VAGABOND

Beaucoup d'encre a coulé sur la relation qu'entretient Rimbaud avec la Commune. Le jeune poète est fortement marqué par la guerre de 1870 durant laquelle il fugue trois fois hors de chez ses parents. Une première fois, il est arrêté à la gare du Nord, une deuxième, il part écrire *Le Dormeur du Val* en Belgique et se désole du bombardement de Charleville. La troisième, le 25 février 1871, il rejoint Paris et s'installe chez le caricaturiste André Gill qui dessine son portrait. Bohémien, il repart vagabonder sur les routes ardennaises le 10 mars. La légende le veut revenu à Paris et engagé aux Tirailleurs de la Révolution. Selon son ami le peintre Ernest Delahaye, Rimbaud a «*voulu risquer sa vie pour la révolution sociale*». On sait du moins que sa haine du bourgeois le remplit d'enthousiasme quant aux rêves d'un Paris insurgé qu'il célèbre dans ses vers. Conjointement à la rédaction du *Bateau ivre*, il écrit la constitution libertaire, hélas disparue, d'une république communiste imaginaire ayant aboli l'argent. Celle-ci serait administrée par le peuple et ses communes, autour d'un comité fédéral et de délégués temporaires soumis au mandat impératif.

LETTRE DU 13 MAI 1871 À SON MAÎTRE GEORGES IZAMBARD

«Je serai un travailleur; c'est l'idée qui me retient quand les colères folles me poussent vers la bataille de Paris.»

Si 1848 a suscité l'engouement, 1871 déchaîne la hargne de nombreux écrivains. Les tenants de l'art pour l'art, enfermés dans l'aristocratique inaction politique, assimilent les révoltés à une immonde populace exaltée par des brigands stupides, des canailles alcooliques et des voyous factieux formant la «*franc-maçonnerie du crime*». Edmond de Goncourt se pose en victime des révolutions et érige, avec Flaubert et Renan, l'inégalité en loi naturelle. Théophile Gautier craint les «*gorilles de la Commune*», George Sand les «*saturnales de la folie*», Anatole France les «*fripouillards*». Dumas fils et Maxime Du Camp sont les plus véhéments qui applaudissent la répression.

11 MAI 1871

21 FLORÉAL DE L'AN 79

•

Les communards démolissent la maison d'Adolphe Thiers.

La Commission «instituée pour organiser et surveiller l'enseignement dans les écoles de filles» comprenait les «citoyennes» Léo, Périer, Reclus, Sapia et Jaclard.

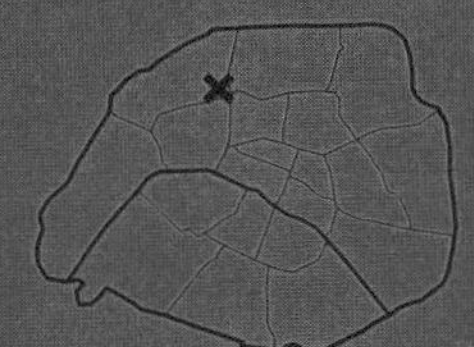

HABITE AU 16, RUE BIOT (XVIIe)

1843-1887 / 27 ANS

ANNA

JOURNALISTE RÉVOLUTIONNAIRE À *LA SOCIALE* & MEMBRE DU COMITÉ DE VIGILANCE DE MONTMARTRE

JACLARD

Anna Vassilievna Korvin-Krukovskaja est une aristocrate de Saint-Pétersbourg, fille d'un lieutenant général d'artillerie de la noblesse russo-lituanienne. Elle aurait inspiré le sulfureux personnage d'Aglaïa Ivanovna Epantchine dans *L'Idiot* de Dostoïevski. Avec sa sœur, la brillante mathématicienne Sofia Kowalevski, elle s'intéresse aux idées sociales avancées. Forgée aux doctrines du populisme russe de Nicolaï Tchernychevski, elle part pour Genève et Paris en 1868 où elle se lie au milieu révolutionnaire et rencontre son mari. En déclinant la demande de mariage de Dostoïevski, et en épousant le militant blanquiste Victor Jaclard, elle embrasse la Révolution. Ce médecin, professeur de mathématiques, membre de l'Internationale, a permis l'évasion de Blanqui en 1865; il est l'un des fondateurs, avec l'anarchiste Bakounine, de l'Alliance internationale de la démocratie socialiste.

À Paris, Anna Jaclard travaille dans une imprimerie et traduit en russe des textes de l'Internationale. Victor Jaclard est maire adjoint du XVIIIe arrondissement pendant le siège, tandis qu'elle devient membre du Comité de vigilance de Montmartre. Elle est donc sur la Butte le 18 mars et réclame un jugement public pour le général Lecomte, fusillé avant que l'ordre n'arrive. Alors que son mari coordonne la Commune de Lyon et de Paris, elle s'engage dans l'action et le journalisme afin de populariser les concepts du matérialisme historique [01]. À ce titre, elle fonde, avec André Léo, le journal *La Sociale*. Elle est surtout déléguée aux hôpitaux et ambulances, et membre de la Commission instituée pour organiser et surveiller l'enseignement dans les écoles de filles. Le couple Jaclard arrive à s'enfuir en Russie et revient en France après l'amnistie de 1880.

01 Théorie marxiste de l'histoire d'après laquelle les faits économiques jouent un rôle déterminant dans les phénomènes historiques, politiques et sociaux.

12 MAI 1871

22 FLORÉAL DE L'AN 79

•

La Commission du Travail est autorisée à réviser les marchés conclus jusqu'à ce jour, à donner la préférence aux associations ouvrières d'après les cahiers des charges fixés par l'intendance.

LA SOCIALE
ЧТО
ДѢЛАТЬ?

En mai, Paris fait face à son second siège. En proie à la menace versaillaise, la Garde nationale décide alors de recruter des femmes combattantes.

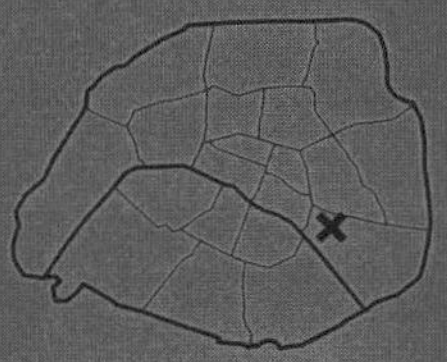

DÉFEND L'AMBULANCE (HÔPITAL TEMPORAIRE) DE LA RUE DE CHARENTON (XIIE)

1843-1883 / 28 ANS

LOUISE NEIBECKER

PASSEMENTIÈRE & CAPITAINE DU 206^E^ BATAILLON DE LA GARDE NATIONALE

Le 13 mai 1871, une centaine de femmes se rendent à l'Hôtel de Ville en vue de réclamer des armes pour la défense des remparts de Paris assiégé par les Versaillais. Le Club de Saint-Séverin applaudit à l'idée d'un bataillon féminin, et le Comité des femmes de la rue d'Arras recueille trois cents inscriptions afin d'y pourvoir. Une affiche de la Garde nationale du 12e bataillon proclame alors :

> « *Un grand exemple vous est donné : des citoyennes, des femmes héroïques* [...] *ont demandé des armes au Comité de salut public pour défendre* [...] *la Commune et la République.* [...] *La première compagnie des citoyennes volontaires sera immédiatement organisée en armée. Ces citoyennes marcheront à l'ennemi avec la Légion.* »

C'est aussi sous l'impulsion du maire du XIIe arrondissement et ancien caporal-fourrier au 206e bataillon de la Garde nationale, Jean Fenouillas, dit « Philippe », que naît cette légion des Fédérées. Celle-ci est commandée par la colonelle Adélaïde Valentin. Louise Neibecker l'intègre en tant que capitaine. Si elle fait battre le tambour des combattantes communardes en uniforme avec ardeur, les rapports avec les bataillons masculins, pour qui les femmes devaient surtout avoir le rôle de vivandières, cantinières ou ambulancières, mais nullement porter les armes, ne sont pas toujours faciles. Fusils Chassepot ou Remington sont une denrée rare et qu'il est préférable de réserver à ceux qui sont supposés savoir s'en servir. Une passementière[01] comme Neibecker, mère de trois enfants, devait plutôt être destinée à recoudre les uniformes ou les plaies des blessés. Pourtant, et comme durant le siège, les femmes n'ont pas démérité au combat en répondant par leur présence aux nombreux rappels des clairons révolutionnaires.

01 La passementerie regroupe l'ensemble des productions en fils (cordons, dentelles, franges, rubans...).

13 MAI 1871

23 FLORÉAL DE L'AN 79

•

Le 13 mai, les Versaillais prennent d'assaut le fort de Vanves. En décrétant que les cahiers des charges des entreprises doivent indiquer « *le prix minimum du travail à la journée ou la façon à accorder aux ouvriers et ouvrières chargés de ce travail* », la Commission de Travail et d'Échange instaure une sorte de salaire minimum.

LOUISE NEIBECKER

« Ce qui pousse les Parisiens à la guerre,
c'est un sentiment de dignité et de justice sociale »,
confie Garibaldi à Mazzini.

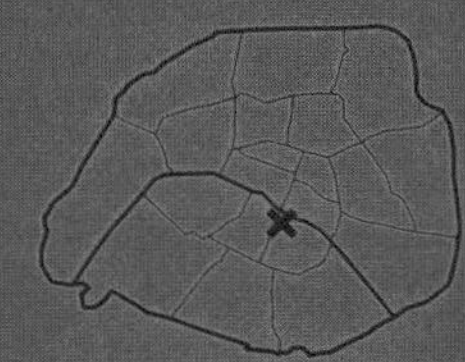

HABITE AU 40, RUE SAINT-SÉVERIN (Ve)

1837-1902 / 34 ANS

LUCIEN COMBATZ

JOURNALISTE & DIRECTEUR GÉNÉRAL DES TÉLÉGRAPHES DE LA COMMUNE DE PARIS

Lucien Combatz est né en Savoie qui appartient alors au Royaume de Piémont-Sardaigne. Il participe à différentes campagnes militaires pour l'unité italienne aux côtés du « Héros des Deux Mondes » Giuseppe Garibaldi, celles de Valtellina, de Castelfidardo et probablement la mythique Expédition des Mille [01] en Sicile. Après celle-ci, il rejoint la France pour rentrer dans l'administration de la télégraphie. Renvoyé en 1863, il se lance dans le journalisme sous le nom de « Combatz ». Il écrit dans la presse de gauche et dessine pour *L'Illustration* mais retourne bientôt à sa vie de révolutionnaire itinérant en participant au débarquement de Garibaldi en faveur de l'insurrection crétoise, puis devient commandant des volontaires républicains aragonais durant le soulèvement de Ronda. [02]

Pirate, guérillero en Amérique du sud, combattant des guerres d'indépendances européennes et de l'unité italienne, l'infatigable Garibaldi écrit à Gambetta en 1870 :

« Ce qui reste de moi est à votre disposition, disposez. »

En octobre 1870, il prend la tête de l'armée des Vosges accompagné de ses deux fils et de ses fameuses Chemises rouges. Ce corps franc de gardes mobiles, bien que mal armé, inflige plusieurs défaites aux Prussiens. L'élection de Garibaldi en février 1871 crée un vif tumulte à la chambre du côté conservateur; elle est invalidée après sa démission. Le 15 mars, la Garde nationale le désigne comme général en chef mais il en refuse la fonction. Certains garibaldiens sont cependant d'éminents communards comme le général Napoléon La Cécilia, Cipriani, Assi ou Combatz qui est alors nommé directeur des Télégraphes. Après la Commune, ce dernier participe à la révolution cantonaliste espagnole. [03]

01 Expédition par laquelle Garibaldi et les Chemises rouges débarquent en 1860 en Sicile.

02 En 1869, la reine Isabelle II est renversée par une révolution : *La Gloriosa.* Certains Espagnols réclament la République.

03 Entre juillet 1873 et janvier 1874, une partie de l'Espagne, inspirée par la Commune, se soulève pour instaurer une République cantonale.

14 MAI 1871

24 FLORÉAL DE L'AN 79

•

Au mont Valérien, les Versaillais font feu sur la porte Maillot. Ernest et Félix Durand, du 115e bataillon, âgés respectivement de quatorze et dix-sept ans, tombent le drapeau rouge à la main.

Le Territoire de Belfort demeure français.

LUCIEN COMBATZ

La Commune se déchire entre majoritaires, partisans de la dictature, et minoritaires qui y sont opposés. Albert Theisz a participé à la rédaction du manifeste de ces derniers et au programme de la Commune.

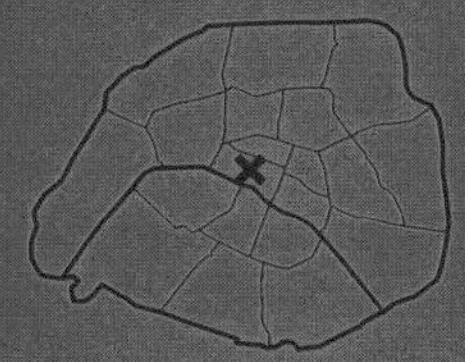

SAUVE L'HÔTEL DES POSTES DE L'INCENDIE (48-52, RUE DU LOUVRE) (IER)

ÉLU DU XIIE

1839-1881 / 32 ANS

ALBERT THEISZ

OUVRIER CISELEUR SUR BRONZE & DIRECTEUR DES POSTES

Instruit à l'école chrétienne et fils de gendarme, Albert Theisz est arrivé au socialisme en exerçant le métier de bronzier. Les bronziers sont en effet à l'avant-garde du mouvement mutuelliste [01] et comptent dans leur rang Henri Tolain. Ce dernier organise le départ d'une délégation de 183 ouvriers à l'Exposition universelle de Londres. Theisz en fait partie et découvre la puissance des *trade-unions*, les syndicats anglais. C'est aussi Tolain qui, en 1864, année de la reconnaissance du droit de grève et de la création de l'Internationale, rédige le *Manifeste des Soixante* réclamant des candidatures ouvrières. Ce renouveau voit émerger des militants à l'exemple de Theisz qui devient un pilier de l'AIT. Comme son ami Eugène Varlin, il fréquente les cours du soir de l'association philotechnique dont il est lauréat en 1866. L'année suivante, il participe à la grande grève des bronziers et se distingue en assumant la défense collective de l'Internationale à son troisième procès en 1870.

Sous la Commune, il remplace Germain Rampont à la direction générale des Postes, lequel avait rejoint Versailles en emportant la caisse. Outre les ballons, on utilise sous le siège des boules de métal flottant qu'on jette dans la Seine, mais aussi 302 pigeons pour transmettre des dépêches de un mètre par soixante-cinq centimètres que le photographe Gabriel Blaise réduit en épreuves au 1/300e. Pour contrer ces « pigeongrammes », les Prussiens dressent des faucons. Theisz réorganise le service de façon démocratique et augmente les salaires. Grâce au directeur de la Monnaie de Paris Zéphirin Camélinat, des timbres sont imprimés. Face au blocus postal, Theisz met en place des agences et fait passer le courrier par Saint-Denis et Vincennes pour le réexpédier en province. Pendant la Semaine sanglante il sauve l'Hôtel des Postes de l'incendie puis réussit à gagner Londres.

01 Le mouvement mutuelliste inspiré des idées de Proudhon a permis de faire naître des projets de sociétés de crédit mutuel, d'assurance mutuelle ou de Banques du Peuple.

15 MAI 1871

25 FLORÉAL DE L'AN 79

•

Les minoritaires, opposés à la dictature du Comité de salut public, se réunissent à l'Hôtel des Postes afin de rédiger leur manifeste, la «Déclaration de la minorité de la Commune».

M. Thiers

Le peintre Courbet poursuit le rêve d'une reconquête artistique de Paris par un « gouvernement du monde des arts par les artistes ».

1819-1877 / 52 ANS

GUSTAVE
PEINTRE & PRÉSIDENT DE LA FÉDÉRATION DES ARTISTES DE PARIS
COURBET

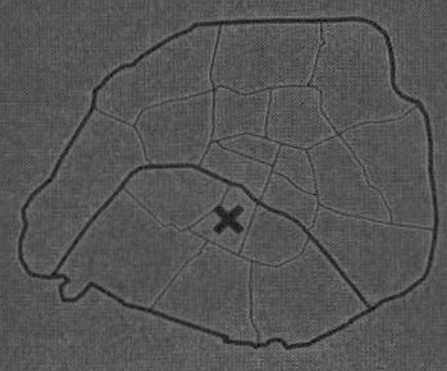

FONDE LA FÉDÉRATION DES ARTISTES AU GRAND AMPHITHÉÂTRE DE L'ÉCOLE DE MÉDECINE (VIe)

ÉLU DU VIe

Gustave Courbet est un artiste qui engage politiquement son art. Certaines de ses œuvres comme *L'Origine du Monde* ou *Un enterrement à Ornans* en font l'un des peintres licencieux du Salon des refusés [01], salon duquel Courbet est lui-même réprouvé tant il dérange. Partageant les points de vue de Proudhon, son objectif est de faire « *entrer le peuple dans l'art* ». Il participe à la refondation théorique de l'art qui de la représentation classique doit passer dans la modernité. Président de la Commission des musées sous le siège, il soutient la Commune. Le 6 avril 1871, il en appelle à l'intelligence, au sentiment et à la reconnaissance des artistes pour Paris.

Le 13 avril, en présence de quatre cents artistes invités à prendre la direction des musées et des collections d'art, la Fédération des artistes est constituée. Ses principes sont la libre expression de l'art affranchi de toute tutelle gouvernementale, l'égalité des droits et l'indépendance de ses membres. L'élection annuelle d'un comité de quarante-sept représentants des divers secteurs de l'art sert à défendre le « *luxe communal* » dont l'objectif est de conserver le passé, mettre en lumière le présent et régénérer l'avenir par l'enseignement. On y retrouve des artistes comme Édouard Manet, Jean-Baptiste Corot, Honoré Daumier. L'architecte Achille Oudinot, le sculpteur Jules Dalou et le peintre Jules Héreau réorganisent le Louvre. De leurs côtés, le dessinateur André Gill, le sculpteur Jean Chapuy et le peintre Eugène Gluck gèrent le musée du Luxembourg. C'est sur une proposition de Félix Pyat qu'est voté le décret de destruction de la colonne Vendôme alors que Courbet n'est pas encore élu du VIe. Le peintre, qui voulait déplacer et non détruire la colonne, est pourtant condamné à payer sa reconstruction et doit s'exiler pour échapper à cette sentence.

01 Le Salon des refusés siège au Palais des Champs-Élysées à partir de 1863 et accueille, à l'initiative de Napoléon III, les artistes non agréés par les jurys officiels.

16 MAI 1871

26 FLORÉAL DE L'AN 79

•

La colonne Vendôme est abattue.

Un décret annonce que tous les ouvriers terrassiers sont invités à se faire inscrire à la mairie de leur arrondissement pour prendre part aux travaux concernant la défense de Paris. Ils recevront 3,50 francs par jour.

VIVE LA COM

À partir du 11 avril 1871, l'Union des femmes pour la défense de Paris et les soins aux blessés joue un rôle décisif.

1826-1921 / 45 ANS

NATHALIE

LIBRAIRE, OUVRIÈRE RELIEUSE & MEMBRE FONDATRICE DE L'UNION DES FEMMES POUR LA DÉFENSE DE PARIS

LEMEL

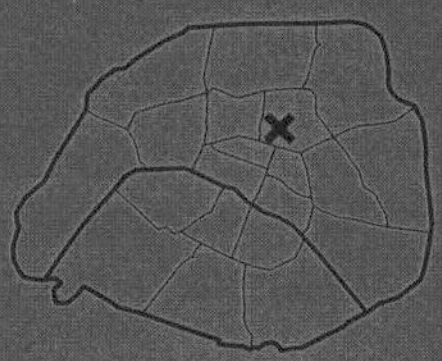

SIÈGE À L'UNION DES FEMMES À LA MAIRIE DU Xᴱ

D'extraction populaire, originaire de la cité portuaire de Brest, elle y voit émerger en 1848 les mouvements ouvriers et socialistes. Installée en 1849 à Quimper, elle choque la bourgeoisie locale par ses lectures féministes, ce qui l'oblige à migrer vers Paris en 1861. Elle s'y démarque en tant que figure du syndicalisme ouvrier du Second Empire pendant la grève des relieurs de 1865 où elle obtient la parité des salaires féminins et masculins. Ce mouvement permet la naissance de la Société civile d'épargne et de crédit mutuel des ouvriers relieurs de Paris, fondée par Eugène Varlin auprès duquel Nathalie Lemel ouvre La Marmite, un restaurant communautaire. On y trouve une « *nourriture saine, de provenance avouable et répartie entre tous au prix de revient* ». C'est aussi un lieu d'éducation politique rapidement associé par la police à une ramification de l'Internationale.

Pendant le siège, l'Union des Femmes de madame Jules Alix est critiquée pour son manque de vigueur. Nathalie Lemel croit en l'efficacité des comités de quartier pour l'épanouissement des idées révolutionnaires. Elle contribue à fonder la nouvelle Union des Femmes composée de militantes plus radicales et populaires qui revendiquent la suppression de la distinction entre enfants naturels et légitimes, ou encore la reconnaissance d'un enseignement professionnel destiné aux femmes.

« *Plus d'exploiteurs ! Plus de maîtres ! Malheur aux mères si, une fois encore, le peuple succombait* », s'écrient-elles.

Dès lors, elles participent aux réquisitions comme à l'organisation d'ateliers coopératifs. Nathalie Lemel est arrêtée le 21 juin 1871 et condamnée à la déportation en Nouvelle-Calédonie. Elle embarque sur la frégate *La Virginie* accompagnée d'Henri Rochefort et de Louise Michel.

17 MAI 1871

27 FLORÉAL DE L'AN 79

•

L'explosion d'une cartoucherie crée la panique avenue Rapp.

Un décret sur l'égalité des enfants légitimes ou naturels et des épouses et concubines pour la perception des pensions est voté par la Commune.

Les cantinières blanchissent le linge et sont en charge de vendre du tabac et de l'eau-de-vie aux soldats. Victorine Brocher raconte cela dans ses « Souvenirs d'une morte vivante ».

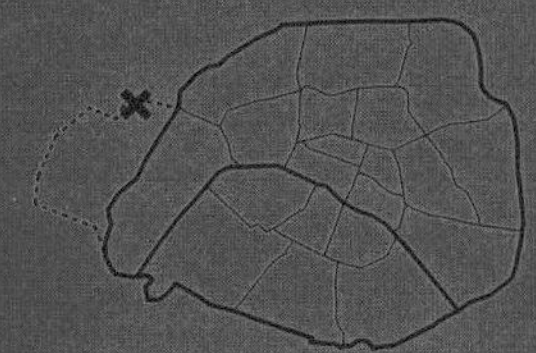

PARTICIPE AUX COMBATS
PORTE DE NEUILLY (XVIe)

1839-1921 / 32 ANS

VICTORINE BROCHER

PIQUEUSE DE BOTTINES & CANTINIÈRE AU BATAILLON DES DÉFENSEURS DE LA RÉPUBLIQUE

Issue d'une famille parisienne républicaine, l'enfance de Victorine Brocher est marquée par les troubles de la révolution de 1848 et du coup d'État de 1851. À partir de 1864, elle se rend deux fois par semaine rue Myrha, chez le docteur Eugène Dupas qui organise dans son cabinet des réunions secrètes de l'Internationale. Elle est l'une des premières femmes à y adhérer. Elle prend alors part à la fondation de la boulangerie coopérative du quartier de la Chapelle en 1867. Elle établit également des groupes d'études sociales en vue d'adoucir le sort des travailleurs. En septembre 1870, son mari, ancien garde impérial, rejoint les francs-tireurs de la Loire alors qu'elle doit s'occuper de leur fils âgé de huit mois. Une semaine avant le siège, elle accepte de garder l'enfant de sa gardienne disparue. Elle fait néanmoins face à la situation et est admise à la 7e compagnie du 17e bataillon de la Garde nationale.

VICTORINE BROCHER - SOUVENIRS D'UNE MORTE VIVANTE
« L'ignorance du peuple, seule, fait la force des classes dirigeantes. »

Le 26 février 1871, au lieu de se rendre place de la Bastille pour protester contre l'armistice, son bataillon se rend à la Cour des comptes. Muni de rubans de couleurs, un capitaine veut accrocher un ruban bleu à la boutonnière de Victorine Brocher qui refuse fermement. Préférant symboliquement le rouge, elle démissionne. Le 20 mars, avec son mari, elle accepte de rejoindre le bataillon des Défenseurs de la République. Victorine Brocher subit le manque cruel de matériel lors de la bataille du fort d'Issy. Une nuit d'avril, elle est réveillée par ses collègues. Dans son état de grande fatigue, elle n'a pas remarqué qu'un obus a éclaté à côté d'elle la recouvrant de terre. Elle participe aux derniers combats de la rue Haxo où on la persuade de s'enfuir. La mort dans l'âme, elle brûle le drapeau de son bataillon et parvient à gagner la Suisse. Déléguée au Congrès international anarchiste de Londres en 1881, elle cofonde une école avec Louise Michel. Victorine Brocher poursuit son activité militante jusqu'à son dernier souffle.

18 MAI 1871
28 FLORÉAL DE L'AN 79

•

Le traité de Francfort est ratifié.

Les Versaillais repoussent les Fédérés jusqu'aux confins de Malakoff, du Grand Montrouge et du Petit-Vanves.

La Commission de la Sûreté générale présidée par Rigault est composée des journalistes Cournet et Vermorel, du comptable Ferré, du cordonnier Trinquet et de l'ouvrier vannier Dupont.

1846-1871 / 25 ANS

THÉOPHILE

COMPTABLE & DÉLÉGUÉ À LA COMMISSION DE SÛRETÉ GÉNÉRALE

FERRÉ

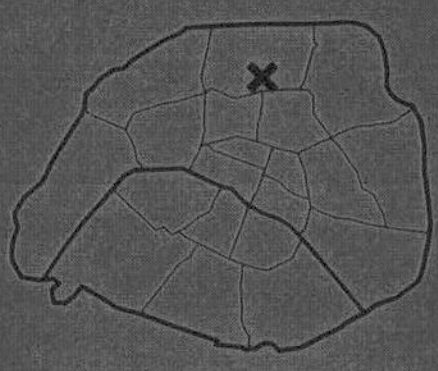

HABITE AU 41, RUE DE CLIGNANCOURT (XVIIIE)

ÉLU DU XVIIIE

Théophile Ferré est un méridional installé à Paris en 1864. Il se lie à la jeunesse néo-hébertiste du Quartier latin qui le surnomme *Fée Carabosse* ou *Maréchal Nez* du fait de son physique. Il se dit «*communiste au point d'imposer le communisme*» et est condamné à quatre reprises pour avoir appelé à l'insurrection sur la tombe du député Baudin, mort sur une barricade lors du coup d'État de 1851. Avec Raoul Rigault et Louise Michel, ils forment un trio très soudé que Jules Favre, le futur ministre Versaillais, serre dans ses bras à la chute de l'Empire. Membre du Comité de Vigilance de Montmartre, il participe à la journée du 18 mars et fait libérer les prisonniers lorsqu'il apprend que les Fédérés ont fusillé Lecomte.

Ferré, le plus jeune élu de la Commune, siège à la Commission de sûreté générale, d'abord comme substitut de Rigault. Il est austère et rigoureux, ce qui nuance les emportements de ce dernier, qu'il finira par remplacer. Ferré défend une ligne dure et s'engage sur les questions sociales en défendant l'assurance chômage et l'assurance maladie pour les travailleurs. Il cherche à améliorer les techniques de police (patrouilles nocturnes, photos des malfaiteurs recherchés envoyées aux mairies, refuges en cas d'incendie), démasque l'imposteur Pourille, agent provocateur qui siège à la Commune sous le nom de Blanchet, et se montre impitoyable envers les agents publics corrompus. Si Ferré incendie la préfecture le 24 mai, il s'assure bien d'en évacuer les quatre cent cinquante détenus. À son procès, il refuse de répondre et de se défendre. Malgré l'acharnement de Louise Michel pour le faire libérer, il est fusillé à Satory le 28 novembre.

THÉOPHILE FERRÉ À SON PROCÈS

«Membre de la Commune de Paris, je suis entre les mains de ses vainqueurs, ils veulent ma tête, qu'ils la prennent!»

19 MAI 1871

29 FLORÉAL DE L'AN 79

•

La Commune décrète la peine de mort pour les fonctionnaires et fournisseurs traitant avec Versailles et fait arrêter des dominicains soupçonnés d'entente avec l'ennemi.

Pendant la Commune,
les chants sont une composante fondamentale
de la geste révolutionnaire & patriotique.

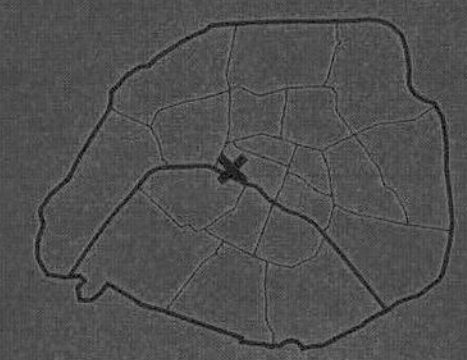

CHANTE AUX TUILERIES
POUR LES BLESSÉS
DE LA GARDE NATIONALE (I^{e})

1840-1901 / 31 ANS

ROSALIE BORDAS

CHANTEUSE POPULAIRE

Rosalie Bordas est née à Monteux dans une famille de cafetiers républicains de tradition montagnarde tenancière du café « rouge ». Le parolier Lecomte raconte qu'elle apprend *La Marseillaise* sur les genoux de son grand-père et la répète, armée d'un petit drapeau, avec un effet dont elle conserve le souvenir. Elle commence sa carrière de chanteuse populaire à dix-sept ans et rencontre un certain succès qui la mène à Paris en 1869. Son engagement politique, et son tempérament méridional, la font remarquer, surtout lorsqu'elle entonne *La Canaille* aux funérailles de Victor Noir ou *La Marseillaise* pendant la guerre. Ses propres chansons sont également dédiées aux problèmes politiques et sociaux du moment. Avec sa collègue, l'actrice Florence Agar, elle participe aux grands concerts populaires de la Commune organisés les 6, 11 et 21 mai et chante patriotiquement drapée.

ALEXANDRE FLAN, LA BORDAS - 1870

« Je suis la muse du faubour
Je suis la Rachel de la plèbe. »

Sous l'Empire, *La Marseillaise* est considérée comme séditieuse jusqu'à la guerre ; mais, dès 1870, Gustave Tridon estime qu'elle est « *passée à l'ennemi* », et Jules Vallès qu'elle « *est devenue un cantique d'État* ». On en propose de nouvelles versions (comme *La Marseillaise* de 1870 de Prosper Voglet), à l'exemple d'autres chants de la Révolution (*La Communarde* sur l'air de *La Carmagnole*). D'autres chants sont également inventés tel que *Bonhomme* du blanquiste Émile Dereux. Les grands concerts populaires, ceux de Pasdeloup notamment, réalisent le subtil mélange de la musique patriotique de François-Joseph Gossec avec des thèmes de Mozart, de Meyerbeer, de Verdi ou encore de Weber, ponctués de lectures de poèmes de Victor Hugo. Selmer et Raoul Pugno veillent à la grandeur de l'art musical. *L'Alliance des Peuples ou Hymne des immortels*, de Pugno et David Gradith, devait d'ailleurs être créé à l'Opéra le 22 mai.

21 MAI 1871

1er PRIMÉRIAL DE L'AN 79

•

Alors que huit mille personnes assistent à un grand concert dirigé par Delaporte aux Tuileries pour les veuves et les orphelins, Jules Ducatel, le piqueur des Ponts et Chaussées ouvre la porte du Point-du-Jour (XVIe arrondissement) aux Versaillais.

C'est le début de la Semaine sanglante.

ROSALIE BORDAS

Anne-Marie Ménand illustre deux mythes tenaces de la propagande versaillaise, ceux des communardes prostituées et des « pétroleuses ».

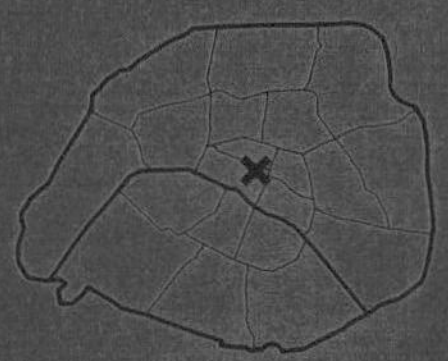

FRÉQUENTE
LE CLUB DE L'ÉGLISE
SAINT-EUSTACHE (Ier)

1837-(?)

ANNE-MARIE MÉNAND

VENDEUSE DE JOURNAUX, PROSTITUÉE & « PÉTROLEUSE »

Anne-Marie Ménand est de ces Parisiennes qui cumulent les petits métiers de misère. Tantôt cuisinière, tantôt vendeuse de journaux rue Royale ou place de la Madeleine. À l'exemple d'une Fantine[01], on sait qu'elle est condamnée pour complicité de vol. On apprend surtout que son activité de commerce d'eau-de-vie serait un alibi pour se livrer à la prostitution. En effet, pour tenir sous le siège, beaucoup de Parisiennes, y compris en ménage, doivent s'y soumettre occasionnellement. On appelle ça le « *cinquième quart* », formule que Louise Michel rendra limpide en dénonçant l'exploitation commerciale de créatures humaines par d'autres créatures humaines. Les prostituées sont les esclaves de proxénètes qui recrutent souvent en prison. La Commune mène d'ailleurs une politique ambiguë à ce sujet : les maisons de tolérance sont empêchées dans tout le XIe arrondissement et on ferme le Bureau des mœurs. La société est même déclarée responsable et solidaire des désordres engendrés par la prostitution. Cependant, les prostituées de rue sont menacées d'arrestation.

LOUISE MICHEL - MÉMOIRES

« [...] *ces malheureuses qu'on abreuve de honte parce qu'on en a fait des prostituées, comme si la honte était pour les victimes et non pour les assassins.* »

De la bouteille d'eau-de-vie de la prostituée à celle de pétrole de la communarde il n'y a qu'un pas. Ménand est accusée sans preuve d'avoir participé aux incendies de la rue Royale. Le mythe de la pétroleuse répond au stéréotype littéraire des caricatures versaillaises peignant les femmes comme des furies forcenées qui allument la mèche de tous les brasiers parisiens. On sait désormais que la majorité de ceux-ci sont le fait des bombes versaillaises, ou le résultat d'un choix de la Garde nationale calqué sur celui du général russe Koutouzov face à Napoléon en 1813.

01 Fantine est la mère de Cosette dans *Les Misérables* de Victor Hugo.

22 MAI 1871
2 PRAIRIAL DE L'AN 79
•
Les Versaillais prennent les Champs-Élysées, Saint-Lazare et Montparnasse.

Pendant la Commune, les Polonais Dombrowski et Wroblewski jouent un rôle important en valorisant la constitution de commandos volants.

1836-1871 / 35 ANS

JAROSLAW

COMMANDANT DU 11E BATAILLON DE LA GARDE NATIONALE & GÉNÉRAL DE LA COMMUNE

DOMBROWSKI

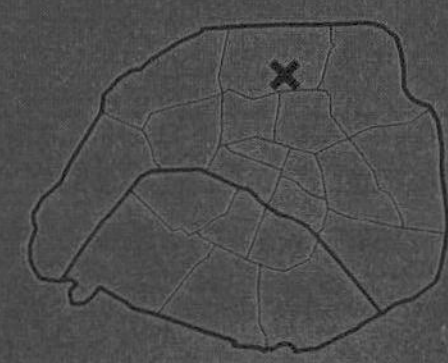

MORTELLEMENT BLESSÉ SUR LA BARRICADE RUE MYRHA (XVIIIE)

Issu de la noblesse polonaise, Dombrowki effectue une carrière militaire chez les cadets de Saint-Pétersbourg où il s'élève au rang de capitaine. Affecté en Pologne, il se jette à corps perdu dans l'action révolutionnaire et transforme les mouvements clandestins de conspiration en Comité central national. Celui-ci organise l'insurrection polonaise de janvier 1863 qui revendique l'indépendance de la Pologne, la réforme agraire et la fin du servage[01]. Elle sera réprimée dans le sang. Dombrowski, condamné au bagne sibérien, s'évade et rejoint la France avec son frère Ladislas. Ce « rouge » de sensibilité garibaldienne est alors élu dirigeant de la Centrale de l'Union de l'émigration polonaise. Il retrouve son camarade Walery Wroblewski et se lie au mouvement ouvrier français.

Pendant le siège, ces Polonais offrent en vain leurs services au général Trochu en proposant la création d'une légion polonaise. Ils s'engagent alors dans les groupes de francs-tireurs. La Commune se montre plus généreuse. Elle offre à Dombrowski le commandement de la XIe légion le 6 avril, puis le commandement de la place de Paris le 5 mai. Wroblewski est également nommé général de la troisième armée fédérée qui défend le Sud de Paris. Le 25 avril, lors d'une réunion rue des Dames, conscient qu'ils sont les seuls officiers supérieurs, le colonel Rossel envisage de conduire une dictature avec eux. Thiers tente d'acheter Dombrowski pour un million et demi de francs, mais son messager est fusillé. Les officiers polonais stoppent les Versaillais à Courbevoie. Wroblewski défend la Butte-aux-Cailles, Dombrowski est mortellement blessé rue Myrha. Les Fédérés de ces barricades forment un cortège et exposent son cadavre au pied de la colonne de Juillet. Il est inhumé au Père-Lachaise, *« revêtu de son uniforme et enveloppé dans un drapeau rouge »*.

01 Le servage, mutation médiévale de l'esclavage, supprimé en France en 1789, est aboli en Pologne en 1864.

23 MAI 1871

3 PRAIRIAL DE L'AN 89

•

Alors que Dombrowski est mortellement blessé, Montmartre est repris par les Versaillais et les premiers incendies parisiens commencent.

« Étrange et sinistre figure que celle de ce jeune homme de vingt-cinq ans pénétrant violemment et comme un furieux, dans l'histoire », écrit Jules Forni à propos de Raoul Rigault.

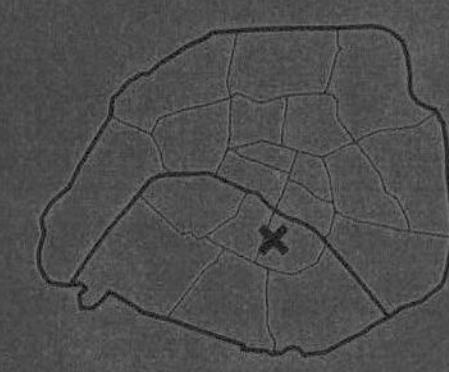

FUSILLÉ
RUE ROYER-COLLARD (Vᴱ)

1846-1871 / 25 ANS

RAOUL RIGAULT

DÉLÉGUÉ À LA COMMISSION DE SÛRETÉ GÉNÉRALE & PROCUREUR DE LA COMMUNE

ÉLU DU VIIIᴱ

Raoul Rigault entre en politique au Quartier latin en fréquentant la jeunesse estudiantine que la grande Révolution fascine. Il trouve son modèle dans la figure du révolutionnaire de 1793 Jacques-René Hébert. C'est justement Gustave Tridon, l'auteur du livre *Les Hébertistes*, qui initie Rigault à l'agitation blanquiste. Devenu conspirateur, il est alors la cible des mouchards de la police impériale. Il imagine déjà une contre-police pour préparer le Grand Soir, ce qui fait dire à Blanqui : « *L'homme n'est qu'un gamin. Mais le commissaire est un homme* ». Au sentimentalisme de 1848, il oppose la violence pour mettre à bas la tyrannie des « *riches égoïstes* ». Cette exagération agace ses compagnons mais lui permet d'aiguiser sa verve dans les fréquents procès où il donne de sa forte voix du « *citoyen accusateur public* » à ses juges.

RAOUL RIGAULT À LOUIS-BERNARD BONJEAN - 23 MARS 1871

« Nous ne faisons pas de la légalité, nous faisons la révolution »

Le 18 mars, il s'installe à la préfecture et libère tous les prisonniers politiques. Il prône sans relâche, mais sans succès, la guerre à outrance contre Versailles. Des mesures d'hygiène, de régulation des boissons et des maisons de jeux, protectrices des consommateurs sont imposées. Ses amis du journal *Le Père Duchesne* le voudraient dictateur. Autoritaire et anticlérical, il souhaite contrôler la presse et procède à des arrestations arbitraires. N'est-il pas, à l'exemple d'Hébert, le procureur de la Commune ? Il fait ainsi fusiller les otages que Versailles refuse d'échanger contre Blanqui. C'est pour mourir proprement, sans se défiler, et que ça serve « *pour la prochaine* », que Rigault enfile ses galons de fédéré. Quand les Versaillais lui imposent de crier « *Vive Versailles !* », il répond, avant que sa tête ne pleure le sang : « *Vous êtes des assassins ! Vive la Commune !* » Il avait vingt-cinq ans.

24 MAI 1871
4 PRAIRIAL DE L'AN 79

•

Les Versaillais prennent le Quartier latin et fusillent Rigault rue Royer-Collard (Vᵉ arrondissement). Les communards incendient l'Hôtel de Ville. L'archevêque de Paris Monseigneur Darboy, trois jésuites, le curé de la Madeleine et un ancien sénateur sont abattus à la prison de la Roquette.

LA
GRANDES COLÈRE
PÈRE DUCHÊN

«Saltimbanque, je suis!», s'écrie toute sa vie Maxime Lisbonne, le «Murat de la République sociale».

1839-1905 / 32 ANS

MAXIME LISBONNE

ACTEUR DE THÉÂTRE & COLONEL DE LA X^{E} LÉGION FÉDÉRÉE DE LA GARDE NATIONALE

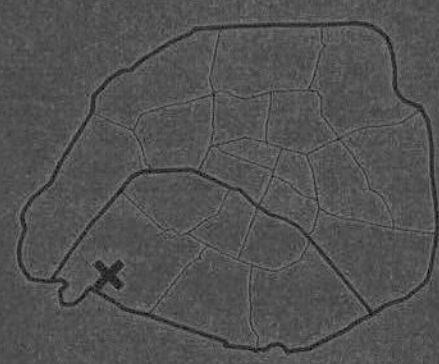

COMMANDE LES REMPARTS DE LA PORTE DE VERSAILLES JUSQU'AU POINT-DU-JOUR (XVE)

Fils d'une modiste et d'un artiste peintre juif d'origine portugaise et ancien soldat de la Vieille Garde de Napoléon Ier, Maxime Lisbonne s'engage comme mousse, à quinze ans, sur les vaisseaux *La Belle Poule* puis *L'Andromaque*, et prend part à la guerre de Crimée. Chasseur à pied, zouave au bataillon d'Afrique, il participe à la campagne d'Italie. Noceur et bagarreur, on l'affecte aux fusiliers de discipline où il sauve une femme d'un incendie. En 1864, il décide de devenir acteur. Républicain dévoué, il s'engage pendant le siège au 24e bataillon de la Garde nationale et est élu membre du Comité central du Xe arrondissement le 14 mars 1871.

MAXIME LISBONNE - 1871

«Citoyens, l'ennemi est à nous! En avant pour la liberté, l'égalité, la fraternité! Courage, et ralliez-vous au panache de votre colonel!»

Le 18 mars, accompagné de Paul-Antoine Brunel, il prend d'assaut la caserne du Prince-Eugène et le 24, la mairie du Ier arrondissement. Détaché auprès de l'éphémère chef de la Garde nationale Lullier, il décline une offre d'emploi juteuse des Versaillais. Possédant la truculence et le verbe d'un acteur mélodramatique, exubérant, gouailleur et théâtral, on le surnomme le *d'Artagnan de la Commune*.
Nommé commandant de la Xe légion, il continue à faire preuve de bravoure pendant les combats. Caracolant sur un cheval arabe en habit flamboyant, il est comparé au maréchal Murat pour cette fantaisie qui fait de lui une cible de choix. Il est d'ailleurs blessé à la jambe au Château-d'Eau (X^{e} arrondissement) le 25 mai. Après l'amnistie, en référence au révolutionnaire Marat, il fonde le journal *L'Ami du Peuple*, devient directeur du théâtre des Bouffes-du-Nord et monte des pièces de Louise Michel et de Victor Hugo. Ce Cyrano circule en voiture *panier à salade*, a des cartes de visite qui le présentent en «ex-forçat», et se ruine après avoir ouvert des cabarets comme la *Taverne du bagne* où les grooms sont déguisés en forçats.

25 MAI 1871

5 PRAIRIAL DE L'AN 79

•

La Butte-aux-Cailles, tenue par Wroblewski, et le Panthéon par Maxime Lisbonne, résistent encore aux Versaillais.

MAXIME LISBONNE

Sympathisant de la Commune, Victor Hugo a marqué toute une génération avec son célèbre roman «Les Misérables» (1862) dont les personnages de Cosette et Gavroche demeurent gravés dans les esprits.

COSETTE ENFANTS DE LA COMMUNE & GAVROCHE

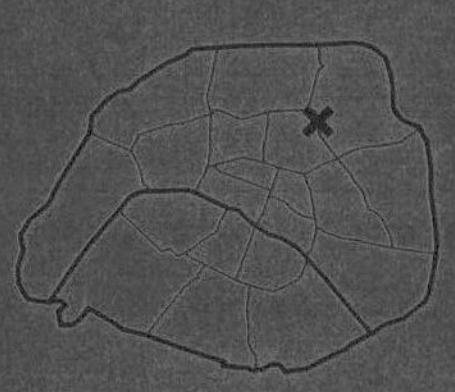

DES ENFANTS SAUVENT LE GÉNÉRAL BRUNEL QUAI DE JEMMAPES (Xᵉ)

Dès le siège, les enfants des classes populaires se retrouvent livrés au vagabondage et au marché noir. À partir d'octobre 1870, on les enrôle en leur donnant un uniforme et une solde, et en leur assignant des rôles d'auxiliaires au service des dépêches ou à l'édification des barricades. Les «gavroches» font montre d'une certaine ardeur dans les tâches qu'on leur confie. Ces mesures permettent de pallier le chômage grandissant, comme en témoigne par exemple Eugène Achart, âgé de quinze ans lors de son procès. Trois bataillons, sur environ trois cents unités, ont incorporé des enfants. Les Vengeurs de Flourens sont principalement constitués d'adolescents âgés de quinze à dix-sept ans. Le bataillon des Pupilles de la Commune regroupe des enfants de onze à seize ans, presque tous orphelins. Cependant, les plus jeunes sont généralement exclus, à l'exemple de Léon Drouet, onze ans, à qui la 6ᵉ compagnie offre quand même un uniforme.

Leur engagement est motivé par leurs propres familles sensibles au fait qu'à ce moment la Commune tente de mettre en place une politique scolaire. Au cours de la Semaine sanglante, Paul Verlaine évoque :

> *«Des gamins dans les 15, 16 ans, vêtus en chasseurs à pied de la garde impériale, costume noir et vert, culottes de zouaves, large ceinture blanche et l'air crâne, mais qui se firent tuer jusqu'aux derniers.»*

Lorsque le général Brunel est blessé quai de Jemmapes, le 25 mai 1871, ce sont les pupilles qui emportent son corps sur un brancard. Jean Allemane est sauvé à deux reprises par un jeune de quatorze ans. 651 enfants de sept à seize ans sont arrêtés et jugés, 56 sont condamnés à l'enfermement en maison de correction jusqu'à leurs vingt-et-un ans, 5 sont jetés en prison tandis que l'un d'entre eux est déporté en Nouvelle-Calédonie.

26 MAI 1871

6 PRIMÉRIAL DE L'AN 79

•

Les otages de la rue Haxo sont fusillés sous la pression de la foule. Les Versaillais prennent le Faubourg Saint-Antoine. Sur ordre du général Cissey, l'ancien député Jean-Baptiste Millière est fusillé au Panthéon en criant «*Vive l'Humanité!*».

RÉPUBLIQUE
MUNE D
AVI

Celle qu'on surnomme « La Vierge Rouge » est sans doute la figure la plus emblématique de la Commune de Paris.

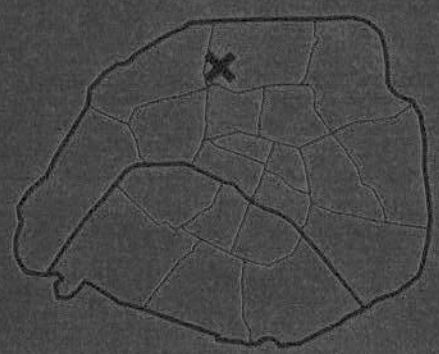

PARTICIPE AUX COMBATS DE RUE AU CIMETIÈRE DE MONTMARTRE (XVIIIE)

1830-1905 / 41 ANS

LOUISE MICHEL

INSTITUTRICE PRIVÉE, AMBULANCIÈRE & 61^E^ BATAILLON DE LA GARDE NATIONALE

« *La révolution sera la floraison de l'humanité comme l'amour est la floraison du cœur* », affirmait Louise Michel. Fille illégitime du châtelain de Vroncourt-la-Côte (Haute-Marne), elle bénéficie d'une bonne éducation. Elle décide de devenir institutrice et fonde une école libre. Poétesse, elle noue un échange épistolaire avec Victor Hugo et signe bientôt « Enjolras », en référence aux *Misérables*. Installée à Paris en 1856, elle milite pour l'éducation intégrale et laïque et ouvre des externats notamment à Montmartre. Elle devient, en 1869, secrétaire de la Société Démocratique de Moralisation qui aide les ouvrières par le travail. En uniforme de la Garde nationale elle participe à la journée révolutionnaire du 22 janvier 1871.

LE CHANT DES CAPTIFS - LOUISE MICHEL

« Chacun cherche sa route ; nous cherchons la nôtre et nous pensons que le jour où le règne de la liberté et de l'égalité sera arrivé, le genre humain sera heureux ! »

Présidente du Comité de vigilance de Montmartre, Louise Michel est sur la Butte le 18 mars 1871. « *Trahison !* », hurle-t-elle lorsque le fonctionnaire Germain Turpin est blessé par l'armée. Elle projette aussitôt de se rendre à Versailles pour assassiner Thiers. Ambulancière, elle participe le 3 avril, armée de son fusil, à l'offensive sur Versailles au sein du 61e bataillon de Montmartre. « *Quelque chose m'attache à la lutte au dehors, une attirance si forte que je ne cherche pas à la vaincre* », écrit-elle. Combattante acharnée, elle préserve son humanité, soigne les Versaillais blessés et sauve même un chat sur une barricade. Le 24 mai, elle accepte de se rendre pour faire libérer sa mère. Emprisonnée, elle écrit *Les Œillets rouges*, un poème d'adieu à Théophile Ferré. À son procès, elle assume pleinement ses actes et dit appartenir tout entière à la Révolution sociale. Hugo compose alors *Viro Major* en son honneur. Déportée en Nouvelle-Calédonie, elle est l'une des rares à soutenir le soulèvement kanak d'Ataï en 1878. Le 22 janvier 1888, on lui tire dessus. Elle survit mais la balle restera logée dans sa tête. Jusqu'à sa mort, elle participe à des réunions, grèves et combats pour défendre le drapeau noir de l'anarchie.

28 MAI 1871

8 PRAIRIAL DE L'AN 79

•

La dernière barricade de la Commune tombe rue de la Fontaine-au-Roi. Le lendemain, le fort de Vincennes est pris, le colonel Delorme y déclare avant de mourir : « *Tâtez mon pouls, et voyez si j'ai peur.* »

C'est la fin de la Commune.

VIVE
LA
COM

LEXIQUE

ASSOCIATION INTERNATIONALE DES TRAVAILLEURS OU INTERNATIONALE

–

L'AIT, qu'on nomme aussi la première Internationale, créée en 1864, a pour but de coordonner les différents courants du mouvement ouvrier, principalement les mutuellistes proudhoniens, les collectivistes « *non-autoritaires* » (proches de Bakounine) et « *autoritaires* » (proches de Karl Marx). Elle se réunit en plusieurs congrès (Genève, Lausanne, Bruxelles et Bâle) et se divise après la Commune.

ASSOCIATIONNISME

–

L'associationnisme ouvrier est une doctrine développée par les premiers socialistes du XIXe siècle (Charles Fourier, Robert Owen, Philippe Buchez, Pierre Leroux et Louis Blanc). Elle prône la réorganisation industrielle sur la base de la solidarité par le biais de la fédération volontaire de petites unités de producteurs autonomes. Certains comme Louis Blanc veulent développer ces unités en fondant des Ateliers sociaux financés par l'État. D'autres, comme Proudhon, estiment que les associations doivent être exclusivement le fait de la classe ouvrière.

CLUBS

–

Les Clubs apparaissent pour la première fois au XVIIIe siècle et de façon très significative sous la Révolution française.
Les plus célèbres d'entre eux sont alors le Club des Jacobins et celui des Cordeliers. On les considère comme les ancêtres des partis politiques. Ce sont des lieux de réunions où l'on se rassemble pour parler des questions politiques. Les Clubs refont leur apparition sous la révolution de 1848. Avec la libéralisation de l'Empire en 1868, la France connaît le phénomène dit des réunions publiques. En 1870, avec la proclamation de la République, les Clubs réapparaissent et font le lit des idées radicales. Des orateurs, mais surtout des oratrices émergent alors et revendiquent, entre autres, la proclamation de la Commune.

COMMUNE DE 1793

–

En juillet 1789, Louis XVI est obligé d'accepter l'institution d'un maire à Paris. Le 10 août 1792, le roi est renversé par une Commune insurrectionnelle qui s'organise en quarante-huit sections. La Commune devient alors le bastion des sans-culottes et des idées les plus radicales de la Révolution : le Tribunal révolutionnaire, l'armée révolutionnaire, ou *la loi du Maximum* des prix pour les subsistances de première nécessité. Après l'élimination des hébertistes (mars 1794) et la chute de Robespierre (juillet 1794), la Commune est dissoute. Elle inspire cependant les communards de 1871.

COMITÉ CENTRAL DE LA GARDE NATIONALE

–

Ce Comité créé le 15 mars 1871 est l'instance exécutive de la Fédération de la Garde nationale. 215 bataillons représentés par 1 325 délégués votent ses statuts et désignent 33 membres. Le Comité joue un rôle décisif dans la journée du 18 mars 1871 en s'emparant des postes clefs. Il organise également les élections de la Commune le 26 mars et cède sa place le 28 mars au Conseil de la Commune.

COMITÉ DE SALUT PUBLIC

–

Le 29 mars 1871, la Commune instaure une Commission exécutive afin d'appliquer les décrets de la Commune et de ses autres Commissions. Renouvelée le 20 avril, l'action de cette Commission se révèle inefficace. Le 28 avril, Jules Miot propose de la remplacer, en référence à la première République, par un Comité de salut public. Le 1er mai, à 45 voix contre 23, cette proposition est acceptée. Elle divise la Commune entre la majorité « *jacobine* » et la minorité des « *internationaux* » opposée à la dictature de ce Comité.

COMITÉ DE VIGILANCE

–

Pendant le siège, des comités de vigilance se mettent en place ; ils ont pour but de mener une surveillance des autorités politiques et municipales. Le plus célèbre est celui de Montmartre qui joue un rôle crucial dans la défense des canons le 18 mars 1871.

COMMISSIONS

–

Outre la Commission exécutive, la Commune établit neuf autres Commissions, chacune dotée d'un délégué à partir du 21 avril. La Commission de l'Enseignement réorganise l'école. La Commission de Travail et d'Échange se charge des lois sociales. La Commission des Finances gère les budgets et les négociations avec la Banque de France. La Commission des Subsistances s'occupe du ravitaillement. La Commission des Services publics assure le fonctionnement des Postes et Chemins de fer. La Commission de la Justice réforme les tribunaux. La Commission de Sûreté générale organise la police et le maintien de l'ordre. La Commission à la Guerre gère la Garde nationale et celle des Relations extérieurs noue des relations avec la province.

CORPS FRANCS / FRANCS-TIREURS

–

Outre la Garde nationale, il existe des corps francs dont les membres sont nommés francs-tireurs pendant la guerre franco-prussienne.

COUP D'ÉTAT DE 1851

–

Louis-Napoléon Bonaparte est le premier président de la République en France. Il accède à ce poste le 20 décembre 1848. Son mandat unique devait prendre fin en 1852. Le 2 décembre 1851, il organise un coup d'État pour prolonger son mandat. Ce coup d'État est légitimé par un plébiscite où il obtient sept millions de suffrages. Le 2 décembre 1852, l'Empire est restauré par celui qui devient alors Napoléon III. Ce Second Empire dure jusqu'à la défaite de Sedan le 2 septembre 1870 et la proclamation de la République deux jours après.

DÉCRET DES OTAGES

–

Le 5 avril 1871, suite à l'exécution sommaire des généraux Duval et Flourens, la Commune vote un décret qui dispose « *que toutes personnes prévenues de complicité avec le gouvernement de Versailles* [...] *seront les otages du peuple de Paris* ». L'article 5 précise : « *Toute exécution d'un prisonnier de guerre ou d'un partisan du gouvernement régulier de la Commune de Paris sera, sur-le-champ, suivie de l'exécution d'un nombre triple des otages retenus* [...] *et qui seront désignés par le sort*. »

FÉDÉRÉS

–

En référence à la Fédération de la Garde nationale de 1790, les membres de la Garde nationale de 1871 s'intitulent « Fédérés ».

LUXE COMMUNAL

–

Les statuts de la Fédération des artistes de Paris, rédigés par Eugène Pottier, se concluent par ces mots : « *Enfin par la parole, la plume, le crayon, par la reproduction populaire des chefs-d'œuvre, par l'image intelligente et moralisatrice qu'on peut répandre à profusion et afficher aux mairies des plus humbles communes de France, le comité concourra à notre régénération, à l'inauguration du luxe communal et aux splendeurs de l'avenir, et à la République universelle.* »

PÉTROLEUSE

–

Surnom péjoratif donné par la propagande versaillaise aux femmes accusées d'avoir allumé des incendies à Paris pendant la Semaine sanglante. Depuis, le terme désigne les femmes qui défendent avec passion des idées féministes.

RÉVOLUTION DE 1848

–

Du 22 au 25 février 1848, une révolution renverse la monarchie de Juillet du roi Louis-Philippe. Cette révolution permet l'avènement de la Deuxième République dont le gouvernement provisoire comporte pour la première fois deux socialistes, dont un ouvrier. La volonté d'établir la « vraie république », démocratique et sociale fait cependant long feu. Lors des journées de juin 1848, le général Cavaignac massacre 5 à 6 000 ouvriers qui défendaient leur droit au travail. Devenue conservatrice, la République cède rapidement sa place au Second Empire. Certains communards étaient déjà actifs durant cette période.

SEMAINE SANGLANTE

–

Du 21 au 28 mai 1871, les armées de Versailles écrasent la Commune de Paris. 10 à 30 000 communards sont tués durant ces journées.

BIOGRAPHIES

DUGUDUS

ILLUSTRATEUR & STREET ARTISTE

Régis Léger alias Dugudus est graphiste illustrateur, il vit à Paris et se passionne pour la représentation de l'image sociale et politique française. Issues de notre histoire et de notre culture graphique, les affiches politiques qui portaient des messages de résistance et d'espoir, ont aujourd'hui presque disparu. Dugudus poursuit cette tradition en offrant une nouvelle identité à l'image engagée. Il réalise à 20 ans sa première affiche politique en collaboration avec François Miehe, fondateur du collectif Grapus issu des Ateliers Populaires de Mai 68.

Après avoir étudié en France (École Estienne et École des Gobelins), il poursuit son parcours à Cuba en 2010 au sein de l'ISDi (Institut Supérieur de Design) à La Havane. Il a 22 ans quand il entreprend un travail novateur, raconter l'histoire de l'affiche cubaine. Son travail devient un livre, *Cuba Grafica*, publié en 2013 aux éditions L'échappée, dont la sortie sera saluée par la presse et les médias français. Il travaille aux côtés des plus grands graphistes cubains et apprend à imprimer ses propres images en sérigraphie.

Au cours d'un séjour en Argentine, il rencontre Diego Posadas à Buenos Aires, graphiste militant du *Taller Popular de Serigrafia* (Atelier Populaire de Sérigraphie). De 2001 à 2007, le TPS sérigraphiait directement dans la rue ses affiches de révolte contre la politique du gouvernement.
Régis Léger transporte le projet à Paris et monte son premier atelier de sérigraphie de rue sur le parcours du cortège du 1er mai 2012.
Comme à Buenos Aires, les images sont imprimées dehors et distribuées directement aux manifestants. Cette expérience rencontre un franc succès et se renouvelle à plusieurs reprises, notamment lors des rassemblements pour le *Mariage pour tous* ou *Nuit Debout*.

Au moyen des images qu'il placarde sur les murs de nos villes, Dugudus interpelle les passants avec humour et provocation tout en désacralisant la politique. Ses créations ont pour mission de nous bousculer et de nous faire réagir sur les enjeux de notre société.

Il est membre fondateur du collectif *Formes des Luttes* qui se crée en pleine mobilisation contre la réforme des retraites en 2019.
L'intention est de redynamiser le secteur de l'affiche politique en créant des liens entre chaque auteur et en y intégrant au mieux la jeune génération de graphistes.

Ses affiches sont exposées dans de nombreux festivals et biennales de graphisme. Elles ont également intégré les fonds de musées nationaux et étrangers.

HUGO ROUSSELLE

HISTORIEN DU DROIT

Hugo Rousselle est doctorant en Histoire du droit. Après des études de droit à la Sorbonne et à Assas, il entame une thèse sur l'histoire des droits fondamentaux économiques, sociaux et culturels et donne des cours de travaux dirigés dans plusieurs universités d'Île-de-France. Il est également président de la Fédération Francophone de Débat qui organise des championnats de débat, des grands procès historiques et populaires, et milite pour la démocratisation de l'art oratoire et la défense de la francophonie.

•

ALAIN GESGON

PRÉSIDENT, FONDATEUR DU CIRIP

CENTRE INTERNATIONAL DE RECHERCHE SUR L'IMAGERIE POLITIQUE

Depuis 1961, Alain Gesgon rassemble affiches, tracts et figurines constituant ainsi la plus grande collection privée d'images politiques de France, avec plus de 300 000 pièces. Celui qui se définit lui-même comme le « Facteur Cheval » de l'affiche politique classe et conserve les archives qui échappent au dépôt légal et ne sont donc pas protégées par des institutions publiques, dans son appartement parisien et un pavillon en Essonne. Outre les affiches, on y trouve également tracts, « papillons muraux » (autocollants), textiles et objets de propagande. Il ne bénéficie d'aucune aide pour cela, malgré son combat pour faire reconnaître ce patrimoine unique, notamment par la création d'un musée international de l'affiche politique.
En 1984, l'historien a fondé le Centre International de Recherche sur l'Imagerie Politique. Il est l'auteur de nombreux ouvrages, citons notamment *La laïcité sur les murs de France* (2006), *1917 - 2017, Sur les murs du fil rouge d'Octobre. (2017).* Régulièrement sollicité par les musées, il est le prêteur incontournable des expositions d'histoire sociale et graphique. On retrouve ses affiches, « *le papier du peuple* », dans de nombreuses expositions.

•

MATHILDE LARRÈRE

HISTORIENNE & CONFÉRENCIÈRE

Spécialiste des mouvements révolutionnaires et du maintien de l'ordre en France au XIXe siècle, Mathilde Larrère est également enseignante à l'Université Paris-Est Marne-la-Vallée. L'historienne soutient sa thèse « *La Garde nationale de Paris sous la monarchie de Juillet, le pouvoir au bout du fusil ?* » sous la direction d'Alain Corbin. Elle s'intéresse au rôle de l'action populaire en révolution dans l'ouvrage collectif *Révolutions : quand les peuples font l'histoire* (2013) mais aussi des femmes et minorités avec Aude Lorriaux dans *Des intrus en politique. Femmes et minorités : dominations et résistances* (2017). Mathilde Larrère revendique l'importance de la vulgarisation scientifique : pour elle, la transmission du savoir est un enjeu démocratique. C'est à ce titre qu'elle a investi le réseau social Twitter depuis de nombreuses années, afin de toucher des publics différents. Elle assume une histoire politiquement située, en analysant la fausseté des approches dites neutres. Ses recherches portent sur l'histoire de la citoyenneté, l'histoire des rapports des citoyens à l'État, l'histoire du maintien de l'ordre. Elle est l'autrice notamment de *Il était une fois les révolutions* (2019) et de *Rage against the machisme* (2020).

BIBLIO GRAPHIE

(NON-EXHAUSTIVE)

DU MÊME AUTEUR

Régis Léger (Dugudus)
Cuba Graphica
Histoire de l'Affiche Cubaine
L'échappée
2013

AUTOUR DE LA COMMUNE DE PARIS

Wilfrid Lupano, Xavier Fourquemin & Anthony Jean
Communarde !
Tome 1 - 3
Vents d'Ouest
2017

Raphaël Meyssan
Les Damnés de la Commune
Tome 1 - 3
Éditions Delcourt
2019

Jacques Tardi
Le Cri du Peuple
Casterman
2001 - 2004

Éloi Valat
Le journal de la Commune
Éditions Bleu Autour
2007

OUVRAGES DE COMMUNARDS

Jean Allemane, *Mémoires d'un communard*, Paris, Maspero, 1981.

Arthur Arnould, *Histoire populaire et parlementaire de la Commune de Paris*, Lyon, Laffont, 1981.

Jules Andrieu, *Notes pour servir à l'histoire de la Commune de Paris en 1871*, Paris, Libertalia, 2016.

Victorine Brocher, *Souvenirs d'une morte vivante, une femme dans la Commune de 1871*, Paris, Libertalia, 2017.

Gaston Da Costa, *Mémoires d'un communard, 18 mars – 28 mai, La Commune vécue*, Paris, Larousse, 2009.

Jean-Baptiste Dumay, *Mémoires d'un militant ouvrier du Creusot (1841-1905)*, Le Mans, Éditions Cénomane, 2010.

Gustave Lefrançais, *Souvenirs d'un révolutionnaire, De juin 1848 à la Commune*, Paris, La Fabrique, 2013.

Gustave Lefrançais, *Étude sur le mouvement communaliste à Paris en 1871*, Neuchâtel, Guillaume, 1871.

André Léo, *Écrits politiques*, Paris, Dittmar, 2005.

Edmond Lepelletier, *Histoire de la Commune de 1871*, trois tomes, Paris, Mercure de France, 1911.

Prosper-Olivier Lissagaray, *Histoire de la Commune de 1871*, Paris, Maspero, 1972.

Benoit Malon, *La troisième défaite du prolétariat français*, Neuchâtel, Guillaume, 1871.

Louise Michel, *La Commune*, Paris, Stock, 1898.

Paule Minck, *Communarde et féministe (1839-1901), Les mouches et les araignées, Le travail des femmes et autres textes*, Paris, Syros, 1981.

Alix Payen, *C'est la nuit surtout que le combat devient furieux*, Paris, Libertalia, 2020.

Élie Reclus, *La Commune de Paris au jour le jour 1871, 19 mars - 28 mai*, Paris, Schleicher, 1908.

Louis Rossel, *Papiers posthumes recueillis et annotés par Jules Amigues*, Paris, Lachaud, 1871.

Eugène Varlin, *Ouvrier relieur 1839-1871, Écrits rassemblés et présentés par Michèle Audin*, Paris, Libertalia, 2019.

Maxime Vuillaume, *Mes cahiers rouges, souvenirs de la Commune*, Paris, La Découverte, 2011.

OUVRAGES GÉNÉRAUX

Sous la direction de Jean Bruhat, Jean Dautry et Émile Tersen, *La Commune de 1871*, Paris, Éditions Sociales, 1960.

Coordonné par Michel Cordillot, *La Commune de Paris, 1871, les acteurs, l'événement, les lieux*, Paris, L'Atelier, 2021.

Sous la direction de Marc César et Laure Godineau, *La Commune de 1871, une relecture*, Paris, Créaphis, 2019.

Quentin Deluermoz, *Commune(s) 1870-1871, une traversée des mondes au XIXe siècle*, Paris, Seuil, 2020.

Gérald Dittmar, *Histoire des femmes dans la Commune de Paris*, Dittmar, 2003.

Laure Godineau, *La Commune de Paris par ceux qui l'ont vécue*, Paris, Parigramme, 2010.

Henri Lefebvre, *La proclamation de la Commune, 26 mars 1871*, Paris, La Fabrique, 2018.

Paul Lidsky, *Les écrivains contre la Commune*, Paris, La Découverte, 2010.

Bernard Noël, *Dictionnaire de la Commune*, Tomes I et II, Paris, Flammarion, 1978.

Kristin Ross, *L'imaginaire de la Commune*, Paris, La Fabrique, 2015.

Jacques Rougerie, *Paris insurgé - La Commune de 1871*, Paris, Gallimard, 2006.

Jacques Rougerie, *Procès des communards*, Paris, Julliard, 1970.

Georges Soria, *Grande histoire de la Commune*, Paris, Livre Club Diderot et Laffont, 1970.

William Serman, *La Commune de Paris*, Paris, Fayard, 1984.

Robert Tombs, *Paris, bivouac des révolutions. La Commune de 1871*, Paris, Libertalia, 2014.

● **BIOGRAPHIES & MONOGRAPHIES**

Sylvie Braibant, *Élisabeth Dmitrieff, aristocrate et pétroleuse*, Paris, Belfond, 1993.

Gilles Candar, *Édouard Vaillant, l'invention de la gauche*, Paris, Armand Colin, 2018.

Marcel Cerf, *Maxime Lisbonne, Le D'Artagnan de la Commune de Paris*, Paris, Dittmar, 2014.

Marc César, *Mars 1871, La Commune révolutionnaire de Narbonne*, Sète, Les Éditions singulières, 2008.

Michel Cordillot, *Eugène Varlin, chronique d'un espoir assassiné*, Paris, Les Éditions ouvrières, 1991.

Alain Dalotel, *Gabriel Ranvier (1828-1879), Le Christ de Belleville, Blanquiste, Franc-Maçon, Communard et Maire du XXe arrondissement*, Paris, Dittmar, 2005.

Alain Dalotel, *André Léo (1824-1900), La Junon de la Commune*, Association des Publications Chauvinoises, 2004.

Marcel Dessal, *Un révolutionnaire jacobin, Charles Delescluze, 1809-1871*, Paris, Marcel Rivière, 1952.

Gérald Dittmar, *Gustave Courbet et la Commune, le politique*, Paris, Dittmar, 2007.

Maurice Dommanget, *Eugène Pottier, membre de la Commune et chantre de l'Internationale*, Paris, EDI, 1971.

Maurice Dommanget, *Édouard Vaillant, un grand socialiste (1840-1915)*, Paris, La Table Ronde, 1956.

Georges Frischmann, *Albert Theisz*, Éditions de la Fédération des Postes et Télécommunications, Montreuil, 1993.

Eugène Kerbaul, *Nathalie Lemel, une communarde bretonne révolutionnaire et féministe*, Paris, Le Temps des Cerises, 2010.

Roland Michou, Laëtitia Rouxel, *Des graines sous la neige - Nathalie Lemel communarde et visionnaire*, Lopérec, Locus Solus, 2017.

Xavier Noël, *Paschal Grousset, de la Commune de Paris à la Chambre des députés, de Jules Verne à l'olympisme*, Liège, Les Impressions Nouvelles, 2010.

Antoine Olivesi, *La Commune de 1871 à Marseille*, Marseille, Éditions Jeanne Laffitte, 2004.

Matthieu Rabbe, *Les communards à Lyon, les insurgés, la répression, la surveillance*, Lyon, Atelier de création libertaire, 2015.

Stéphane Rayssac, *La Commune de Paris, Théophile Ferré (1846-1871), une vie au service de la Révolution*, Pamiers, Éditions Universitaires du Sud, Villematier, 2018.

Tristan Rémy, *Le temps des cerises (Jean-Baptiste Clément)*, Paris, Les Éditeurs français Réunis, 1968.

Charles Rihs, *La Commune de Paris, 1871, sa structure et ses doctrines*, Paris, Seuil, 1973.

Jacques Rougerie, *Eugène Varlin, aux origines du mouvement ouvrier*, Paris, Éditions du Détour, 2019.

Dominique Segalen, *Marie Bonnevial, communarde et syndicaliste*, Paris, Éditions Detrad, 2018.

Édith Thomas, *Rossel*, Paris, Gallimard, 1967.

Édith Thomas, *Louise Michel*, Paris, Gallimard, 1971.

Paul Tirand, *Émile Digeon (1822-1894), L'itinéraire singulier d'un communard*, Paris, L'Harmattan, 2007.

Jean-Didier Vincent, *Élisée Reclus, géographe, anarchiste, écologiste*, Paris, Robert Laffont, 2010.

Pierre-Henri Zaidman, *Émile Duval (1840-1871), Général de la Commune*, Paris, Dittmar, 2006.

Daniel Zimmermann, *Jules Vallès, l'Irrégulier*, Paris, Le Cherche midi, 1999.

Luc Willette, *Raoul Rigault, 25 ans, communard, chef de la police*, Paris, Syros, 1984.

● **ARTICLES**

Marcel Cerf, « La barricade de 1871 », Alain Corbin et Jean-Marie Mayeur, *in La barricade, Histoire de la France aux* XIXe *et* XXe *siècles*, Paris, Éditions de la Sorbonne, 1997.

Quentin Deluermoz, « Les gamins de Paris au combat ? Les enfants-soldats sous la Commune de Paris (1871) », *in L'enfant-combattant*, nov. 2010.

Michèle Riot-Sarcey, « De la "tricoteuse" à la "pétroleuse", ou les figures répulsives de la "femme publique" », *in La revue du musée d'Orsay*, n°10, printemps 2000.

Marc Lagagna, « Un peuple révolutionnaire : la Commune de Paris 1871 », *in Cahiers Bruxellois-Brusselse*, Cahiers 2018, pages 175-198.

REMERCIEMENTS

« *Nous la Commune* » porte le titre d'une fabuleuse aventure humaine et militante qui nous a plongés durant des mois dans le Paris insurrectionnel de 1871.

Nous tenons à remercier Nina Léger pour sa camaraderie et sa dévotion révolutionnaire. Cheffe de projet, son travail a été précieux dans toutes les étapes de cette aventure. Merci à Théo Scheid, pour son engagement, sa bienveillance quotidienne et pour ses talents de graphiste qui subliment nos communards.

Merci à Christophe Pommier, conservateur au musée de l'Armée qui a soutenu le projet en l'agrémentant de ses précieux retours et conseils historiques et iconographiques. Merci à Guy Darol pour son importante implication dans la relecture et correction de cet ouvrage. Merci à Mathilde Larrère et Alain Gesgon pour leurs textes introductifs et leur engagement passionné au service d'une histoire politique vivante et combative. Merci à Vincent Conejero qui a réalisé le site internet du projet. Merci à Matthieu Eches pour son aide à la communication. Merci au journal *L'Humanité* qui a publié durant plusieurs semaines certains de nos dessins de communards.

Un remerciement particulier à Laurence Patrice, adjointe à la Maire de Paris en charge de la Mémoire et du Monde Combattant, aux membres de son cabinet Cédric Abadie et Christine Blaise de Candido pour avoir soutenu ce projet et facilité les événements autour de ce dernier.

Merci à Dominique Segalen pour nous avoir envoyé son ouvrage sur Marie Bonnevial. Merci aux historiens et passionnés Florence Braka, Jean-Numa Ducange, Michel Cordillot, Julien Chuzeville, Quentin Deluermoz, Gérald Dittmar, Roger Martelli, Marc Plocki, Matthieu Rabbe, Michèle Riot-Sarcey et Marc Ternant pour nos bienveillants échanges téléphoniques. Merci à l'association des Amies et Amis de la Commune, au musée de l'Histoire vivante et au musée d'Art et d'Histoire Paul Éluard de la Ville de Saint-Denis pour nous avoir ouvert leurs fonds.

Merci à toutes les personnes, à tous les camarades qui soutiennent mon travail artistique depuis des années. Merci à tous pour votre confiance et pour l'énergie qu'elle apporte au quotidien, pour cette fraternité que nous partageons en commun au service d'une histoire, celle du temps des cerises, gai rossignol et merle moqueur.
– Dugudus

L'ensemble des illustrations sont en vente sur:

NOUSLACOMMUNE.FR

Cet ouvrage est édité à 3000 exemplaires
par l'imprimerie Pollina (Luçon) - 99463
en 5 couleurs (CMJN et 1 Pantone Warm Red).
Imprimé sur un papier Magno Natural 140g/m².

Les textes sont composés en *Syncro* de la fonderie typographique *Out of the Dark* et en *Trim Poster*, typographie publiée par *Letters from Sweden*.

Ce livre a d'abord paru en auto-édition (ISBN 979-10-699-6697-0) de l'artiste illustrateur Dugudus, en avril 2021, en relation avec l'exposition *Nous la Commune* conçue lors du 150e anniversaire de la Commune de Paris.

Illustrations : Dugudus
Design graphique : Théo Scheid
Textes et recherches : Hugo Rousselle
Textes introduction : Alain Gesgon, Mathilde Larrère
Relecture & Correction : Guy Darol, Nina Léger
Cheffe de projet : Nina Léger

1, ZA Run ar Puñs - 29150 Châteaulin

WWW.LOCUSSOLUS.COM

Pour toute information sur les images/l'exposition :
Dugudus
43, rue de la Mare - 75020 Paris
WWW.DUGUDUS.COM

ISBN : 978-2-36833-366-2
Dépôt légal 3e trimestre 2021